Interpretación Jurídica

CONVERSIÓN JURÍDICA

CONVERSIÓN EN EL TÍTULO VALOR

Diego Buitrago Flórez

Interpretación Jurídica Conversión Jurídica
Conversión en el Título Valor

ISBN 979-8708004857

Segunda edición

© Diego Buitrago Flórez
Email: dibuflo@gmail.com

Primera edición 2010

Letra no firmada por el girador

N°   *LETRA DE CAMBIO*   **Por $100.000**

Ciudad y Fecha: *Armenia, Quindío, 31 de enero de 2020*

Señor *B*..., *el 31 de diciembre de 2020* se

servirá pagar, en *Armenia, Quindío*, a la orden de *A*..............................,

la suma de *CIEN MIL PESOS ($100.000)*...

A ... (No firmado)   *B...(Firmado)*.
Girador   Girado

---

* Como puede observarse, se trata de una letra a la orden del mismo girador (que podría ser también girada a la orden de un tercero) sólo firmada por el girado, por lo que es pertinente establecer si es susceptible de *conversión o corrección cambiaria o en el título valor* y si produce, por ende, efectos de pagaré.

Edición, actualizada, corregida y aumentada

A mi hija, a mi madre y a mi esposa

ANOTACIONES A LA PRESENTE EDICIÓN

1ª. En esta edición han sido revisadas y actualizadas las materias tratadas en la primera, quedando de tal manera integrada con las normas del Código General del Proceso.

2ª. Incluye los siguientes capítulos nuevos:

CAPÍTULO I: HECHO, HECHO JURÍDICO, ACTO JURÍDICO Y NEGOCIO JURÍDICO

CAPÍTULO II: DOCUMENTO CON RELEVANCIA JURÍDICA

CAPÍTULO VIII: CONVERSIÓN EN EL TÍTULO VALOR EN EL DERECHO COMPARADO

3ª. En consonancia con la nueva nomenclatura alfanumérica para la identificación de providencias adoptada por la Corte Suprema de Justicia, según Circular 04 de 2014, se acogen las siguientes siglas o abreviaturas:

CSJ Corte Suprema de Justicia
C Sala Civil
L Sala Laboral
P Sala Penal

P L Sala Plena

A Auto

S Sentencia

T Tutela

Se emplean también estas otras abreviaturas:

C.C. Código Civil

C.Co. Código de Comercio

C.G.P. Código General del Proceso

C.P.C. Código de Procedimiento Civil

M.P. Magistrado ponente

ÍNDICE GENERAL

PÁG

CAPÍTULO I

HECHO, HECHO JURÍDICO,
ACTO JURÍDICO Y NEGOCIO JURÍDICO

CAPÍTULO II

DOCUMENTO CON RELEVANCIA JURÍDICA

CAPÍTULO III

TEORÍA DE LA CONVERSIÓN O CORRECCIÓN JURÍDICA

CAPÍTULO IV

CONVERSIÓN CAMBIARIA O EN EL TÍTULO VALOR

CAPÍTULO VI

MÉRITO EJECUTIVO DEL "TÍTULO VALOR" INEFICAZ

CAPÍTULO VII

TABLA DE RESUMEN

CAPÍTULO VIII

CONVERSIÓN EN EL TÍTULO VALOR
EN EL DERECHO COMPARADO

CAPÍTULO IX

CONCLUSIONES

xvii

INTRODUCCIÓN

Con arreglo a la *teoría de la conversión o corrección jurídica*, el acto, el negocio, o el documento ineficaz es susceptible de surtir efectos diferentes de los que le son propios. Tres especies concretas de conversión o corrección jurídica son: la *conversión del acto jurídico*; la *conversión del negocio jurídico*; y la *conversión del documento con relevancia jurídica, ya sustancial, ora formal.*

En la presente monografía se demuestra que la teoría en mención opera en el derecho cambiario o de los títulos valores, en el que se dan dos especies de conversión: la *conversión formal o instrumental* (cuando se circunscribe al título valor como documento o al documento destinado a ser título valor) y la *conversión sustancial o material* (cuando repercute en el acto o declaración contenida en el título valor o en el documento destinado a ser tal).

Ambas especies de conversión se subsumen a su vez dentro del género *conversión cambiaria* o *conversión en el título valor*, al que se le asigna el nombre de *conversión cambiaria típica* cuando se refiere a casos regulados en la ley, varios de los cuales aparecen inmersos en el Título III (De los Títulos Valores) del Libro Tercero (De los Bienes Mercantiles) del Código de Comercio; y el de *conversión cambiaria atípica* cuando se refiere a casos no regulados en la ley en forma expresa.

1

De manera puntual se analiza el fenómeno, no regulado en forma expresa en el Código de Comercio, de la letra no firmada por el girador, pero sí por el girado-aceptante, fenómeno que ha implicado la construcción de dos autorizadas y –paradójicamente– encontradas tesis: una, pregonada por Bernardo TRUJILLO CALLE, para quien dicho tipo de letra se convierte en pagaré; la otra, defendida por Gilberto PEÑA CASTRILLÓN, que le niega esa posibilidad.

La solución que aquí se propone al aludido problema, se basa, en primer lugar, en la interpretación de las normas que se consideran aplicables a la luz de los métodos tradicionales de interpretación jurídica (gramatical, lógico, histórico, sistemático y finalista o teleológico). Al efecto, en esta edición se hacen algunas precisiones constituciones, legales, doctrinarias y en torno a las nuevas vertientes de interpretación, lo que explica que el título de la misma esté antecedido por la locución *Interpretación Jurídica*.

Dicha solución se fundamenta, en segundo lugar, en la aplicación, **mutatis mutandis**, del instituto de la *conversión del contrato*; y en tercera instancia, en la aplicación del principio de *conservación del derecho y del efecto útil*, según el cual, cuando un acto, negocio o documento admite varios sentidos, interpretaciones o calificaciones, se prefiere el más razonable dentro del ordenamiento jurídico como sistema.

En adición a lo anterior y siguiendo siempre una misma línea

2

de pensamiento, se concluye que, bajo ciertas condiciones (y muy a pesar de que el artículo 620 del Código de Comercio es perentorio al disponer que los documentos y actos a que se refiere el Título III del Libro Tercero del Código de Comercio *"sólo producirán los efectos en él previstos cuando contengan las menciones y llenen los requisitos que la ley señale, salvo que ella los presuma"*), es viable que un título valor ineficaz o incompleto como tal, respecto del cual no opere, ya la *conversión cambiaria*, bien la *conversión del contrato*, ora la aplicación del principio de *conservación del derecho y del efecto útil*, pueda llegar a prestar mérito ejecutivo. Esto último cuando en el documento conste una o más obligaciones expresas, claras y exigibles que provengan del deudor o de su causante y constituya plena prueba contra él, como lo prevén los artículos 488 del Código de Procedimiento Civil y 422 del Código General del Proceso.

Aunque sería lo ideal abordar y desarrollar el estudio de los temas aquí tratados en el mismo orden sugerido en el título de la presente obra (primero lo inherente a la *interpretación jurídica*, después lo concerniente a la *Conversión Jurídica*, y por posteriormente lo atinente a la *Conversión en el Título Valor*), se ha preferido comenzar por el fenómeno de la *Conversión Jurídica*, ya que es en virtud de ésta que se plantea el problema jurídico referente a si la letra no firmada por el girador y sí por el girado produce o no efectos de pagaré, o de otro tipo de título valor, o de otra clase de documento.

A dicho problema jurídico se intenta dar respuesta, como se

dijo antes, mediante la aplicación de los distintos métodos de interpretación y de los institutos afines a la *conversión jurídica*.

Cualquier opinión que se desee compartir acerca de las ideas aquí consignadas, será bien recibida en el correo electrónico *dibuflo@gmail.com*

CAPÍTULO I

HECHO, HECHO JURÍDICO,
ACTO JURÍDICO Y NEGOCIO JURÍDICO

Para empezar, es lo indicado registrar, como a continuación se procede, algunas breves anotaciones en torno a los institutos *hecho*, *hecho jurídico*, *acto jurídico* y *negocio jurídico*.

1. HECHO Y HECHO JURÍDICO

Hablando en términos de género a especie, es dable decir que *hecho* es todo acontecimiento, ya de la naturaleza (p. ej. llover, hacer sol, temblar la tierra), ora del hombre (v. gr. caminar). Y si produce efectos en derecho, se le denomina entonces *hecho jurídico*. A este respecto, el profesor y tratadista Fernando HINESTROSA enseña: *"se sostiene por parte de algunos autores que todos los hechos imaginables serían jurídicos, unos por previsión e inclusión en algún supuesto de hecho, y los demás por su no inclusión, de la cual se seguiría su juridicidad por exclusión"*[1].

---

1 HINESTROSA, Fernando, *Tratado de las Obligaciones, Concepto, Estructura, Vicisitudes*, t. II, V. I, Bogotá, D. C., Universidad Externado de Colombia, 1ª Edición, año 2015, p. 96.

5

El mismo autor apunta: *"hecho jurídico stricto sensu es el suceso, de la naturaleza o humano, y este, un acontecer atribuible a alguien en singular o anónimo, simplemente social, del que el ordenamiento se ocupa como mero supuesto de hecho, es decir, de su sola ocurrencia, sin que importen su origen o la manera como sucedió "*[2].

2. HECHO JURÍDICO HUMANO (CLASES)

El *hecho jurídico humano* o *del hombre*, en cuanto tal, puede revestir la condición de *material* (como el nacer, o el morir); *involuntario* o *del espíritu* (p. ej. padecer una enfermedad mental, o experimentar una emoción)[3]; y *voluntario* (o de manifestación de voluntad), evento en el cual se le denomina *acto jurídico*[4].

3. ACTO JURÍDICO (CLASES)

Como se indicó antes, el *acto jurídico* es un *hecho jurídico humano*

---

2 Ibíd., p. 100.

3 Ibíd., p. 97.

4 Locución propia del derecho francés, el peruano y países bajos, ibíd., pp. 240 y 241.

DE CASTRO Y BRAVO, Federico, advierte que *"la doctrina francesa se ha mantenido fiel al uso tradicional del término acto jurídico (siguiendo a Grocio y Domat); mas, sobre todo, le ha detenido una dificultad léxica, la imposibilidad de utilizar la frase 'affaire juridique' para traducir la alemana negocio jurídico"*, en: *El Negocio Jurídico*, Madrid, Editorial Civitas S. A., año 1985, p. 20, § 18.

voluntario. Vale decir, una conducta humana (acto de manifestación de voluntad) que produce efectos en derecho.

El acto jurídico puede serlo de dos maneras, a saber:

3.1. Por el Sólo Ministerio de la Ley

Cuando se produce con independencia del querer del agente. Ejemplo de lo cual podrían ser, preponderantemente, los eventos de responsabilidad por culpa (no como conducta intencional, sino voluntaria), en especial la *culpa levísima* y la *culpa leve* o simple *culpa* o *descuido* (artículos 63, 162, 200-2, 251, 253, 254, 256, 261 a 263, 298, 299, 411-4, 815, 817, 833, 843, 846, 847, 877, 957, 963, 1231, 1315, 1317, 1356 a 1358, 1386, 1403-3, 1543, 1553-2, 1559, 1561, 1563, 1578, 1583-3, 1590, 1604, 1606, 1648, 1674, 1685-2, 1685-3, 1730, 1731, 1736 a 1738, 1882, 1883, 1900, 1903-2, 1912, 1919, 1932, 1941, 1983, 1984, 1989, 1990, 1993, 1997 a 1999, 2003, 2005, 2019, 2033, 2057, 2068, 2073, 2075, 2155, 2183, 2184-5 e inciso final, 2203 inciso inicial y numeral 2, 2204, 2217-3, 2247, 2249, 2259, 2263, 2266, 2269, 2302, 2306, 2326, 2341, 2344 a 2350, 2352, 2353, 2355, 2358, 2377, 2406-2, 2419 y 2504 del **C. C.** Y artículos 58, 127, 200, 529, 622, 731, 732, 773, 784-12, 820, 835, 838, 841, 842, 863, 898, 919, 934, 935, 937, 940, 960, 992, 1003-2, 1003-3, 1005, 1010, 1058, 1121, 1167, 1171, 1205, 1243, 1285, 1320, 1369, 1378, 1391, 1478-2, 1479, 1481-, 1481-4, 1482, 1483, 1520, 1532, 1533, 1535, 1541, 1551, 1565, 1569-2, 1573, 1594, 1600, 1609-1, 1609-2, 1609 parágrafo, 1623, 1648, 1686, 1831, 1839, 1898 y 1899 del **C. Co.**).

La *culpa levísima* y la *culpa leve* o simple *culpa* o *descuido* revisten el carácter de *acto jurídico* en cuanto consisten –cada una de tales conductas– en manifestaciones de voluntad, ya por activa, ya por pasiva, que producen efectos en derecho con independencia del querer del agente.

No cabe decir lo mismo respecto de los casos de responsabilidad por *culpa grave, negligencia grave o culpa lata* (que como se sabe consiste en *"no manejar los negocios ajenos con aquel cuidado que aun las personas negligentes o de poca prudencia suelen emplear en los negocios propios"*), ya que esta especie de culpa equivale al *dolo*, entendido por tal *"la intención positiva de inferir injuria a la persona o propiedad de otro"* (artículo 63 citado).

Esa intención injuriosa, o cualquiera otra conducta que se le asemeje, sugiere en sí un acto voluntario dirigido a la producción de efectos en derecho, lo que es propio, como se verá en el punto 3.2. y subsiguientes, del *negocio jurídico*[5].

Es innegable que la *culpa grave o negligencia grave o culpa*

---

5 *"(...) cuando la divergencia entre declaración y voluntad se deba a dolo o culpa lata de un declarante, éste deberá* responder *de lo que declaró, como si verdaderamente lo hubiera querido"* (Windscheid, citado por DE CASTRO Y BRAVO, al referirse a la *Teoría de la voluntad matizada con la de la responsabilidad* como fundamento del negocio jurídico, Op. Cit., pp. 60 y 61).

lata y el *dolo*, ante todo este último, son formas de expresiones de voluntad, activas, o pasivas, que suponen en sí y por tanto *actos dispositivos de intereses*, summum de la noción de negocio jurídico.

3.2. Por Decisión del Agente (*rectius* Negocio Jurídico)

Cuando es el resultado del querer del autor, caso en el cual es, en estricto rigor, *negocio jurídico*[6].

4. NEGOCIO JURÍDICO (NOCIÓN)

El *negocio jurídico* (*Rechtsgeschaft* en el idioma alemán), consiste básicamente en un acto jurídico, contractual o no, encaminado a la producción de efectos en derecho. Puede ser: i) de índole obligacional o patrimonial (v. gr. *todo tipo de contratos*[7]; *la renuncia a un derecho*, artículo 15 del C. C.; *la ocupación*, artículo 685 del C. C.; *el abandono*; *el pago*, artículos 740, 756, 1633, 1880 y 1882 del C. C.[8]; *el acto de entrar en posesión de un bien*, artículo 762 del C.

---

6 Institución adoptada en el derecho alemán, el griego, el portugués y el brasileño, (HINESTROSA, Fernando, Op. Cit., pp. 240 y 241). También en el derecho belga y el austriaco (DE CASTRO Y BRAVO, Op. Cit., p. 20). Asimismo en el italiano y en el español (BETTI, Emilio, *Teoría General del Negocio Jurídico*, segunda edición, Traducción y concordancias con el derecho español a cargo de A. MARTÍN PÉREZ, editorial Revista de Derecho Privado, Madrid, año 1959, pp. 60 y ss).

7 HINESTROSA, Fernando, Op. Cit., pp. 241, 242 y 255.

8 Ibíd., p. 111.

R. Sacco, *L'occupazione, atto di autonomía*, en *Rivista di dirito civile*, 1979, I, p. 343. ID., *La parte generale del diritto civile*, I, Utet, Torino, 2005, citado por HINESTROSA,

C., con la posibilidad de adquirirlo por prescripción, aumentando en esta forma el valor de los activos del poseedor; y *la oferta de contrato*, artículos 845 y siguientes del C. Co.); o ii) de cualquiera otro tipo (p. ej. el *acto voluntario de mera inscripción o registro*, o el *que tiene fines de publicidad u oponibilidad*, artículo 901 del C. Co.).

Para un mejor entendimiento de la cuestión, el concepto *negocio jurídico*, como modalidad de acto jurídico, ha de examinarse en el contexto de *disposición de intereses (en derecho)*. No en el de aprovechamiento, beneficio, o ganancia. Tampoco asimilándolo a establecimiento de comercio, almacén o dependencia. Ni a proceso, expediente, asunto o litigio a resolver mediante decisión judicial (artículos 17 y 26 del C. C.; 12, 37, 66, 68, 148 y 149 del C. P. C.; y 75 del C. G. P.).

5.   ACTO JURÍDICO Y NEGOCIO JURÍDICO

En lo que atañe al *acto jurídico* y al *negocio jurídico*, OSPINA FERNÁNDEZ, al referirse a las varias clasificaciones y nomenclaturas de los factores que intervienen en la formación de las situaciones jurídicas, comenta que la más generalizada de ellas en el campo filosófico y, en su sentir, la más clara y apropiada, denomina *"acto*

Fernando, qui<u>en</u> comenta: *"Son numerosos los autores que niegan la naturaleza de negocio (acte juridique) a la ocupación, al abandono, al pago sin distinciones, y a la propia tradición; así, GOUNOT, Le príncipe de L'autonomie de la volonté, cit., p. 243 ss., con mención de PERNICE, Labeo, en cuanto a la última"*, Op. Cit., p. 111.

jurídico el acto voluntario del cual derivan (...) efectos jurídicos (...) independientemente del querer del agente, o, mejor aún, por el solo ministerio de las normas jurídicas, como sucede en la comisión de un delito "[9].

Dicho autor advierte que es *"**negocio jurídico** el acto cuya voluntad se encamina directa y reflexivamente a la producción de efectos jurídicos, como el otorgamiento de un testamento o la celebración de un contrato "*[10].

Por su lado, HINESTROSA sostiene: *"Acto jurídico en sentido estricto y en derecho privado es una actuación humana que la ley aprecia como tal, toma como mero supuesto de hecho y la dota de efectos precisos, y fijos. Al paso que negocio jurídico, en esa dimensión, sería, según la presentación tradicional, el acto voluntario, enderezado a producir determinados efectos jurídicos, queridos como tales por su autor o autores, o para efectos prácticos o económicos ('intención empírica'), con resultado y reconocimiento jurídicos "*[11].

El nombrado tratadista es reiterativo al señalar que *"(...) en el acto jurídico no media la autonomía privada, que sí opera en el negocio, y (...) al paso que la ley toma al acto como un simple supuesto de hecho y le*

---

9 OSPINA FERNÁNDEZ, Guillermo, *Régimen General de las Obligaciones*, 6 edición, Bogotá, D. C., Temis, 1998, p. 37.

10 Ídem.

11 HINESTROSA, Fernando, Op. Cit., p. 106.

atribuye consecuencias jurídicas predispuestas, en el negocio la ley recibe la conducta humana, la toma como efecto del poder reconocido a los particulares para disponer de sus propios intereses (...) ''[12].

De lo arriba expuesto se infiere que:

1). El *acto jurídico* al igual que el *negocio jurídico* son inherentes a ser humano (*hechos jurídicos del hombre*), con la particularidad de que en el *negocio jurídico* es primordial la intención o querer de quien lo origina, y

2). El *negocio jurídico* es una sub-especie del género *acto jurídico*, por lo que bien puede afirmarse que todo *negocio jurídico* es *acto jurídico* (aunque no lo contrario –no todo *acto jurídico* es *per se negocio jurídico*–).

6. NEGOCIO JURÍDICO SEGÚN LA JURISPRUDENCIA. ACTOS E INTERESES QUE COMPRENDE

En la sentencia de 6 de agosto de 2010, CSJ, C (M. P. César Julio VALENCIA COPETE), se registra la siguiente definición de negocio jurídico:

"2. Desde la ciencia del derecho civil alemán de la primera

---

12 Ibíd., pp. 104 y 108.

mitad del siglo XIX, el negocio jurídico (rechtsgeschaft) ha sido definido como una declaración de voluntad explícita o resultante de un comportamiento concluyente orientada a producir los efectos determinados por quienes lo ajustan, que el orden legal tutela en cuanto son jurídicamente relevantes (....)"[13].

Y a renglón seguido, en punto a los actos e intereses que comprende el negocio jurídico, se agrega:

"(...) conocido este amplio espectro, ha sido concebido [el negocio jurídico] *como la principal manifestación de la autonomía privada, no solo por cuanto comprende todos aquellos actos a través de los cuales resulten comprometidos los intereses, sean unilaterales, bilaterales, espontáneos o forzados, obligatorios o de disposición propiamente dichos, sino porque constituye, per se, el instrumento adecuado para que los sujetos regulen, gobiernen y disciplinen los derechos mediante preceptos particulares y específicos de obligada atención, con capacidad bastante para generar la producción de por lo menos una consecuencia jurídica, ya se trate del nacimiento, modificación, transmisión o extinción de una prerrogativa subjetiva, o para establecer un estado o situación de idéntica naturaleza, para cuyo bien es indispensable que exista una intención libre y, además, querer los fines concretos del*

---

13 Publicada en: *Jurisprudencia y Doctrina*, t. XXXIX, N° 466, octubre de 2010, Bogotá, Legis, pp. 1699 y 1700.

negocio"[14].

En sentencia más reciente, SC3535 de 18 de agosto de 2021 (M. P. Luis Armando TOLOSA VILLABONA), se indica que *"El negocio jurídico es un acto de autonomía privada y de autorregulación de los propios intereses".* Se agrega que, *"desde un punto de vista práctico –y para todos sus efectos–",* la acepción *"negocio jurídico"* debe entenderse *"como sinónima de acto jurídico".*

Frente a lo anterior hay que decir que, en realidad, ambas acepciones (*negocio jurídico* y *acto jurídico*), son sinónimas en cuanto todo *negocio jurídico* es indefectiblemente *acto jurídico,* aunque no lo contrario (no todo *acto jurídico* es *per se negocio jurídico*). Esto último por cuanto son equivalentes en su relación de especie a género (de *negocio jurídico* a *acto jurídico*), pero no en su relación de género a especie (de *acto jurídico* a *negocio jurídico*).

Lo cierto es que en un mismo sistema normativo pueden tener cabida los dos institutos. Tal es el caso de Colombia (para sólo citar el ejemplo nacional), en cuyos códigos Civil y de Comercio se incluyen normas que se refieren tanto al *acto jurídico* como al *negocio jurídico* (véanse puntos 11. a 14. del presente capítulo).

Otras precisiones adicionales en torno al *negocio jurídico* pueden ser consultadas en el Capítulo III de la presente monografía.

---

14 Ibíd., p. 1700.

7. CONTRATO (NOCIÓN)

No está de más decir que el *contrato* (que es una especie de negocio jurídico)[15], consiste esencialmente en un acto jurídico *"por el cual una parte se obliga para con otra a dar, hacer o no hacer alguna cosa. Cada parte puede ser de una o de muchas personas"* (artículo 1495 del C. C.). O, como lo dispone el inciso 1° del artículo 864 del C. Co., *"El contrato es un acuerdo de dos o más partes para constituir, regular o extinguir entre ellas una relación jurídica patrimonial"*.

8. SÍNTESIS

En el anterior orden de ideas y a manera de síntesis, todo *contrato* es *negocio jurídico* en cuanto constituye una sub-especie de éste. O, expresado en otra forma, el *negocio jurídico* es género respecto del *contrato*, que es una especie de aquél. Por lo mismo, no todo negocio jurídico es contrato. Esto sin olvidar que, frente al género *acto jurídico*, el *negocio jurídico* es una sub-especie de aquél. Del mismo modo y como se anotó ya, el *acto jurídico* es una sub-especie

---

15 Al respecto puede consultarse la SC, CSJ, de 6 de agosto de 2010 (M. P. César Julio VALENCIA COPETE), en la cual se comenta: *"el contrato es una especie del negocio jurídico, la más difundida, utilizada y conocida, en tanto surge como un acto dispositivo de intereses de dos o más sujetos de derecho para constituir, modificar o extinguir relaciones de la más variada estirpe (...)"*. *Jurisprudencia y Doctrina*, t. XXXIX, N° 466, octubre de 2010, Bogotá, Legis, p.1700.

de *hecho jurídico humano* o *del hombre*, entendido por tal todo acontecimiento del hombre (material, involuntario o voluntario) que produzca efectos jurídicos. Y por último, el *hecho jurídico humano* es –a su vez– una sub-especie de *hecho jurídico*, fenómeno éste que abarca todo suceso que produce efectos en derecho y que bien puede ser también *hecho jurídico de la naturaleza* (por oposición al *hecho jurídico del hombre*).

Dichos institutos se identifican, como sigue, en el siguiente

Cuadro Sinóptico

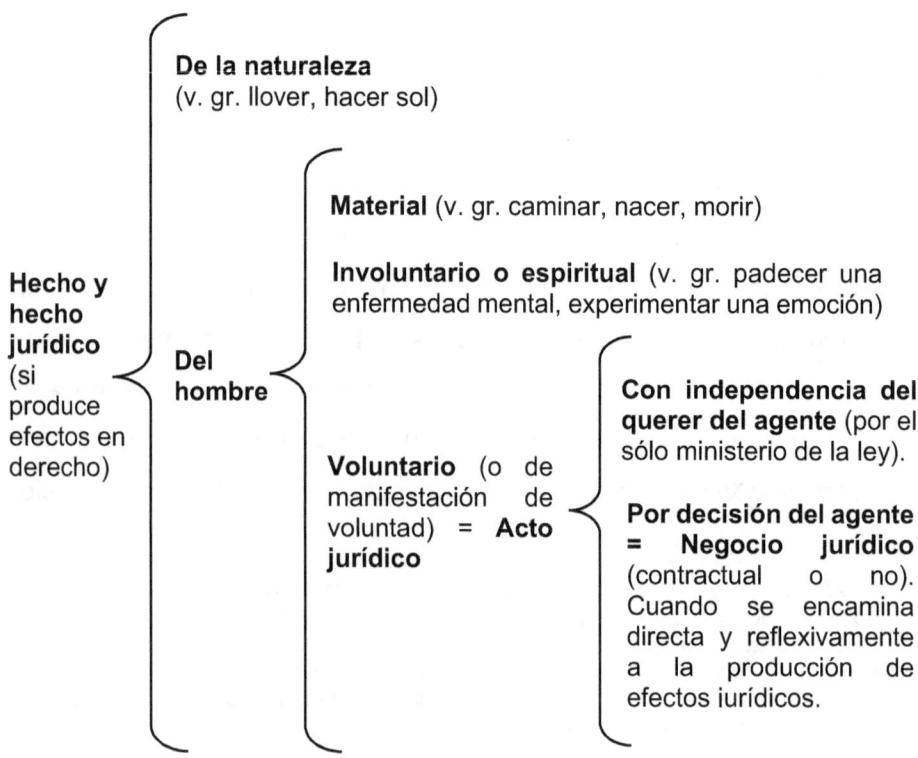

De la naturaleza
(v. gr. llover, hacer sol)

Material (v. gr. caminar, nacer, morir)

Involuntario o espiritual (v. gr. padecer una enfermedad mental, experimentar una emoción)

Hecho y hecho jurídico (si produce efectos en derecho)

Del hombre

Voluntario (o de manifestación de voluntad) = **Acto jurídico**

Con independencia del querer del agente (por el sólo ministerio de la ley).

Por decisión del agente = Negocio jurídico (contractual o no). Cuando se encamina directa y reflexivamente a la producción de efectos iurídicos.

16

9. HECHO Y HECHO JURÍDICO EN EL CÓDIGO CIVIL

La relación de normas que adviene y las contenidas en los puntos *10. Hecho y Hecho Jurídico en el Código de Comercio, 11. Acto y Acto Jurídico en el Código Civil, 12. Acto y Acto Jurídico en el Código de Comercio, 13. Negocio y Negocio Jurídico en el Código Civil,* y *14. Negocio Jurídico en el Código de Comercio*, no son exhaustivas, sino meramente enunciativas.

Sobre *hecho* y/o *hecho jurídico*, según corresponda, versan, de manera expresa, los artículos del Código Civil colombiano que a continuación se citan:

21, 26, 52, 66, 79 a 81, 97, 110, 125, 140, 150, 154, 156, 162, 180, 312, 335, 409, 414, 629, 666, 668, 690, 701, 716, 728, 732 a 735, 737, 738, 742, 768, 779, 794, 805, 817, 827, 828, 847, 860, 861, 881, 888, 910, 912, 955, 957, 963, 981, 1025, 1030, 1062, 1069, 1096, 1103, 1117, 1129, 1130, 1153, 1185, 1189, 1202, 1203, 1226, 1233, 1244, 1249, 1256, 1258, 1260, 1261, 1268, 1287, 1309, 1319, 1320, 1324, 1335, 1347, 1371, 1375, 1381, 1383, 1426, 1485 a 1487, 1494, 1510, 1511, 1518, 1524, 1527, 1532, 1533, 1535, 1537, 1538, 1553, 1583, 1590, 1591, 1595, 1610, 1612, 1617, 1624, 1633 a 1636, 1643, 1644, 1648, 1657, 1658, 1675, 1685, 1706, 1718, 1730, 1736 a 1738, 1747, 1774, 1788, 1792, 1793, 1802, 1814, 1831, 1846, 1848, 1873, 1882, 1909, 1912, 1927, 1931, 1932, 1941, 1949, 1962,

1968, 1983 a 1985, 1988, 1993, 2014, 2019, 2027, 2056, 2060, 2062, 2067, 2072 a 2075, 2161, 2196, 2199, 2203, 2212, 2216, 2242, 2243, 2259, 2270, 2284, 2302, 2306, 2313, 2317, 2319, 2347, 2355, 2369, 2373, 2406, 2419, 2453, 2490, 2514, 2523, 2535 y 2539.

10. Hecho y Hecho Jurídico en el Código de Comercio

Sobre los mismos institutos tratan, a su turno, los siguientes artículos del Código de Comercio:

3, 6, 29, 31, 39, 44, 66, 67, 107, 115, 130, 189, 214, 243, 244, 245, 248, 293, 307, 358, 402, 406, 446, 498 a 502, 504 a 506, 522, 543, 568, 639 a 641, 706, 714, 726, 756, 760, 777, 784, 795, 804, 809, 813, 814, 834, 835, 854, 896, 950, 960, 979, 1003, 1005, 1010, 1016, 1034, 1049, 1054, 1058, 1060, 1061, 1077, 1081, 1084, 1109, 1117, 1131, 1147, 1175, 1205, 1216, 1261, 1272, 1285, 1288, 1312, 1331, 1342, 1368, 1386, 1396, 1422, 1435, 1467, 1480, 1493, 1501, 1527, 1529, 1541, 1542, 1556, 1563, 1573, 1592, 1598, 1605, 1609, 1619, 1621, 1632, 1647, 1671, 1685, 1716, 1807, 1827, 1838, 1880, 1886, 1888, 1891 y 2027.

11. Acto y Acto Jurídico en el Código Civil

Al *acto* y al *acto jurídico* aluden los artículos del Código Civil que enseguida se mencionan:

18

6, 19, 67, 68, 70, 85, 127, 128, 137, 206, 237, 246, 290, 302, 309, 400, 443, 450, 467, 483, 500, 480, 501, 502, 504, 506, 508, 515, 529, 530, 541, 553, 567, 575, 577, 598, 599, 627, 640, 672, 760, 765, 766, 768, 782, 796, 804, 825, 826, 832, 851, 942, 976, 985, 1055, 1059, 1065, 1072, 1074, 1075, 1080, 1089, 1193, 1195, 1256, 1261, 1298 a 1302, 1309, 1375, 1382, 1443, 1471, 1485, 1495, 1502, 1506, 1510, 1511, 1513, 1518, 1524, 1526, 1527, 1660, 1694, 1695, 1721, 1740 a 1742, 1745, 1746, 1750, 1751, 1753, 1788, 1815, 1816, 1896, 2064, 2150, 2154, 2158, 2159, 2162, 2192, 2279, 2358, 2469, 2490, 2491, 2504, 2520, 2523, 2545 y 2683.

12. ACTO Y ACTO JURÍDICO EN EL CÓDIGO DE COMERCIO

Al *acto* y al *acto jurídico* se refieren a su vez los siguientes artículos del Código de Comercio:

5, 12, 19 a 23, 26, 28 a 30, 33, 46, 74, 86, 94, 99, 100, 101, 110, 111, 113, 116, 132, 191, 198, 211, 214, 222, 251, 261, 296, 297, 308, 312, 317, 343, 382, 385, 390, 398, 399, 427, 438, 461, 471, 472, 479, 484, 502, 612, 620, 641, 642, 786, 822, 826, 832, 837, 839, 840, 850, 897, 898, 906, 957, 971, 988, 995, 1028, 1055, 1099, 1107, 1229, 1232 a 1236, 1240 a 1242, 1255, 1262, 1263, 1266, 1337, 1415, 1427, 1441, 1446, 1464, 1476, 1481, 1482, 1517, 1545, 1563, 1565, 1566, 1616, 1750, 1793, 1798, 1830 y 1851.

19

13. Negocio Jurídico en el Código Civil

Al *negocio jurídico* se refieren, a su tiempo y también de manera expresa, los siguientes artículos del Código Civil:

62, 63, 81, 301, 302, 1579, 1638, 1674, 1675, 1688, 1797, 1816, 1838, 2142, 2145 a 2147, 2149, 2151, 2156, 2160, 2176, 2184, 2187, 2189, 2190, 2193, 2304, 2307 a 2311, 2326, 2484 y 2491.

14. Negocio Jurídico en el Código de Comercio

Al mismo instituto atañen los siguientes artículos del Código de Comercio:

19, 20, 28, 32, 48, 50, 51, 52, 54, 114, 119, 153, 180, 187, 196, 207, 261, 262, 263, 296, 298, 307, 310, 311, 317, 327, 358, 445, 471, 472, 474, 476, 477, 479, 485, 487, 488, 492, 493, 495, 510, 514, 543, 607, 610, 620, 774, 784, 822, 824, 825, 827, 829, 832, 833, 836, 838, 840, 842 a 845, 850, 861, 865, 874, 878, 884, 898 a 903, 1225, 1226, 1230, 1233, 1234, 1236 a 1242, 1244, 1253, 1263, 1267, 1268, 1271, 1272, 1276, 1287, 1317, 1319, 1321 a 1324, 1335, 1337, 1338, 1340 1345 y 1701.

CAPÍTULO II

DOCUMENTO CON RELEVANCIA JURÍDICA

Como su nombre lo indica, documento con relevancia jurídica es el que reviste importancia en el ámbito del derecho, sea de manera sustancial, sea de manera formal.

1. DOCUMENTO CON RELEVANCIA JURÍDICA SUSTANCIAL (*AD SUBSTANTIAM ACTUS*, PRUEBA *AD SOLEMNITATEM*).

Documento con relevancia jurídica sustancial es el exigido por la ley para la existencia o validez del acto o contrato. En tal caso constituye en sí un requisito e instrumento *ad substantiam actus* (elemento esencial para la existencia o validez del acto), al paso que, por expresa *tarifa legal*, es a la vez prueba o forma *ad solemnitatem* (para la solemnidad). Medio de prueba solemne.

Por lo antedicho se sostiene que la connotación del documento con relevancia jurídica sustancial es mixta, en cuanto es al mismo tiempo requisito esencial (o material) y medio de prueba –solemne– del acto o contrato.

En lo que a la *tarifa legal* concierne, el inciso 1° del artículo 176 del Código General del Proceso (artículo 187 del Código de

21

Procedimiento Civil) dispone: *"**Apreciación de las pruebas**. Las pruebas deberán ser apreciadas en conjunto, de acuerdo con las reglas de la sana crítica, <u>sin perjuicio de las solemnidades prescritas en la ley sustancial para la existencia o validez de ciertos actos</u>"*. (Se subraya).

A su turno, el inciso 1° del artículo 225 del mismo estatuto (artículo 232 del Código de Procedimiento Civil) reza: *"**Limitación de la eficacia del testimonio**. La prueba de testigos no podrá suplir el <u>escrito que la ley exija como solemnidad para la existencia o validez de un acto o contrato</u>"*. (Se subraya).

De manera más enfática el artículo 256 ibídem (artículo 265 del Código de Procedimiento Civil), reiterativo en lo pertinente del artículo 1760 del Código Civil[16], refiriéndose a los instrumentos o formas *ad substantiam actus*, establece que la falta del documento que la ley exija como solemnidad para la existencia o validez de un acto o contrato *"no podrá suplirse por otra prueba"*.

En similar sentido, el enunciado final del inciso 1° del artículo 61 del Código Procesal del Trabajo y de la Seguridad Social advierte: *"(...) cuando la ley exija determinada solemnidad **ad subtantiam actus**, no*

---

16 **C.C. Art. 1760.-** *"La falta de instrumento público no puede suplirse por otra prueba en los actos y contratos en que la ley requiere esa solemnidad; y se mirarán como no ejecutados o celebrados aun cuando en ellos se prometa reducirlos a instrumento público, dentro de cierto plazo, bajo una cláusula penal; esta cláusula no tendrá efecto alguno.*

Fuera de los casos indicados en este artículo, el instrumento defectuoso por incompetencia del funcionario o por otra falta en la forma, valdrá como instrumento privado si estuviere firmado por las partes".

se podrá admitir su prueba por otro medio".

2. DOCUMENTO CON RELEVANCIA JURÍDICA FORMAL (MEDIO *AD PROBATIONEM*)

Documento con relevancia jurídica formal, es el que reviste una estructura específica y que sirve de prueba como tal, vale decir como forma documental específica, caso en el cual constituye medio *ad probationem* (medio de prueba), con independencia de sus efectos o alcance. En tal evento el documento es forma *ad probationem* (para la prueba).

Sobre el citado aspecto, el enunciado final del inciso 1° del artículo 243 del Código General del Proceso (enunciado final del inciso 1° del artículo 251 del Código de Procedimiento Civil), que lleva por título *"Distintas clases de documentos"*, establece que son documentos *"todo objeto mueble que tenga carácter representativo*[17] *o declarativo*[18]*, y las inscripciones en lápidas, monumentos, edificios y similares".*

La misma norma, en su apartado inicial, cita como ejemplos de documentos *"los escritos, impresos, planos, dibujos, cuadros, fotografías, cintas cinematográficas, discos, grabaciones magnetofónicas, radiografías,*

---

17 El que exhibe una figura, idea o símbolo específico.

18 El que contiene uno o varios actos de voluntad productores de efectos jurídicos.

23

talones, contraseñas, cupones, etiquetas, [y] *sellos".*

En el anterior orden de ideas, bien puede decirse que, cuando el documento es concebido como instrumento *ad substantiam actus* y por consiguiente como forma *ad solemnitatem*, ostenta la doble condición de forma *ad probationem* y forma *ad solemnitatem*. Forma *Ad probationem* por consistir en un medio de prueba (documental) específico, y forma *ad solemnitatem* por exigirlo así la ley y no ser posible omitirlo como formalidad.

De lo discurrido se colige que hay eventos en que el documento reviste relevancia jurídica tanto sustancial como formal, vale decir, es esencia y forma a la vez. Un ejemplo concreto es la escritura pública contentiva de un contrato de compraventa sobre un bien inmueble[19]. Se trata de un documento con relevancia jurídica *sustancial*, dado que es mediante dicho tipo de instrumento que se perfecciona el

---

19 Al respecto, los artículos 12 y 13 del Decreto-Ley 960 de 1970 (*Por el cual se expide el estatuto del notariado*) señalan, en su orden:

Art. 12.- *"Deberán celebrarse por escritura pública todos los actos y contratos de disposición o gravamen de bienes inmuebles, y en general aquéllos para los cuales la ley exija esta solemnidad".*

Art. 13.- *"La escritura es el documento que contiene declaraciones en **actos jurídicos**, emitidas ante notario, con los requisitos previstos en la ley y que se incorpora al protocolo. El proceso de su perfeccionamiento consta de la recepción, la extensión, el otorgamiento y la autorización".*

Sobre el particular versa la sentencia de 31 de marzo de 2005, de la Sección Tercera del Consejo de Estado (M. P. Rafael E. Ostau de Lafont Pianeta), publicada en: *Jurisprudencia y Doctrina*, t. XXXIV, N° 402, junio de 2005, Bogotá, Legis, pp. 790 a 794.

contrato de compraventa de todo bien raíz (artículo 1857 del C. C.), y también con relevancia jurídica *formal* por ser lo que es: una escritura pública. Ahora bien, si no alcanzare a ser escritura pública (y no fuere por ende prueba idónea del contrato de compraventa inmobiliaria), tendría, en todo caso, relevancia jurídica formal, por ser un documento (forma documental específica) con fuerza probatoria, en mayor o menor intensidad. Así las cosas, podría servir de prueba de un contrato no sometido a forma o solemnidad escrita (v. gr. el de arrendamiento o el de compraventa de un bien mueble), siempre que estuviere firmado por las partes. (Artículos 1760 del C. C., 259 del C. G. P. y 266 del C.P. C.).

Se sigue de lo predicho que el documento en que se instrumenta el negocio jurídico no solemne tiene relevancia *formal* en cuanto sirve de medio de prueba del negocio.

En tal evento el documento es instrumento **ad probationem** y no requisito **ad solemnitatem**, habida cuenta que no es el único medio idóneo para demostrar la existencia del negocio.

En el referido caso, la omisión de la formalidad escrita no afecta la existencia o validez del acto o contrato. Cosa distinta es que pueda hacerse más difícil demostrarlo[20].

---

20 A las exigencias **ad substantiam actus, ad probationem** y **ad solemnitatem** se refieren las sentencias de 3 de marzo de 1977 y 28 de febrero de 1979, ambas de la CSJ, C. La segunda de ellas publicada en la G. J. CLIX, N° 2400, primera parte, pp. 44 a 59.

3. ACTO JURÍDICO, NEGOCIO JURÍDICO Y DOCUMENTO CON RELEVANCIA JURÍDICA

De lo hasta aquí expuesto se concluye que existen marcadas diferencias entre los institutos *acto jurídico, negocio jurídico* y *documento con relevancia jurídica,* que, como se advirtió ya y se comprobará en lo sucesivo, son especies (concretas) susceptibles de *conversión o corrección jurídica.*

CAPÍTULO III

TEORÍA DE LA CONVERSIÓN O CORRECCIÓN JURÍDICA

1. CONCEPTO

En términos generales, la *conversión o corrección jurídica* se concibe como el fenómeno en virtud del cual un acto, negocio o documento sustancial o formalmente nulo en su especie o tipo, resulta válido como acto, negocio, o forma de especie o tipo distinto[21].

2. CONVERSIÓN DEL ACTO JURÍDICO; CONVERSIÓN DEL NEGOCIO JURÍDICO; Y CONVERSIÓN DEL DOCUMENTO CON RELEVANCIA JURÍDICA, SEA SUSTANCIAL, SEA FORMAL

La *conversión o corrección jurídica* es susceptible de ocurrir, ya en el acto jurídico, ora en el negocio jurídico, o bien en el documento con relevancia jurídica sustancial o formal. Por lo mismo, es factible

---

21 VALLET DE GOYTISOLO, Juan B., *Donación, condición y conversión jurídica material*, A. D. C, V, 4 (1952), p. 1303, citado por DE LOS MOZOS, José Luis, *La conversión del negocio jurídico*, 1959, citado a su vez por TRUJILLO CALLE, Bernardo, *De los Títulos Valores, Parte General*, 19ª ed., Bogotá, D. C., Leyer, 2015, p. 447. Citado también por DE CASTRO Y BRAVO, Op. Cit., p. 486, nota (55); y por DÍEZ SOTO, Carlos Manuel, *La Conversión del Contrato Nulo*, Barcelona, José María Bosch Editor, S.A., 1994, p. 63, nota (181).

27

distinguir entre *conversión del acto jurídico, conversión del negocio jurídico* y *conversión del documento con relevancia jurídica sustancial, o formal.*

Se deduce de lo anterior que entre las nociones *conversión jurídica*, de un lado, y *conversión del acto jurídico, conversión del negocio jurídico* y *conversión del documento con relevancia jurídica,* del otro, existe una relación de género a especie. La primera atañe al fenómeno que abarca las tres formas de conversión precitadas, de donde se sigue que la *conversión del acto jurídico,* la *conversión del negocio jurídico* y la c*onversión del documento con relevancia jurídica,* constituyen especies concretas de la conversión jurídica.

3. PARÁMETROS Y FUNDAMENTOS

A medida que se avance en el estudio de las materias aquí tratadas, se irá comprobando que cada especie –y aun cada sub-especie– de conversión, se rige por parámetros concretos, dado que una es la *conversión del acto jurídico*, otra la *conversión del negocio jurídico* (una de cuyas modalidades es la *conversión del contrato nulo* regulada en el artículo 904 del Código de Comercio), y otra la *conversión del documento con relevancia jurídica.* En una sola frase, no existen parámetros comunes ni siempre uniformes en los diversos tipos de conversión.

De igual manera y ante la ausencia de parámetros uniformes,

se constatará que el instituto de la conversión o corrección jurídica se fundamenta en el reconocimiento que al mismo le hace, en algunas ocasiones, la ley; en otras, la jurisprudencia; y a veces, la doctrina. Ello en los eventos en que un acto, negocio o documento sustancial o formalmente nulo o ineficaz, genera los efectos de un acto, negocio, o documento diferente.

A propósito y para los fines aquí previstos, ha de concebirse la *ineficacia* en su sentido amplio, que comprende tanto el acto, el negocio o el documento que no produce ningún efecto jurídico, como el acto, el negocio o el documento que apenas genera alguno(s) de los efectos que le son propios; y que puede dar lugar a sanciones tales como la inexistencia, la nulidad y la inoponibilidad[22].

---

22 Véase la sentencia de 3 de agosto de 1983, CSJ, C (M. P. Jorge SALCEDO SEGURA), publicada en: *G. J.* número 2411, t. CLXXII, primera parte, pp. 149 a 156). En dicha providencia, el magistrado sustanciador, en una ampliación de su ponencia, sostuvo que la inexistencia, la simulación, la nulidad, la rescisión, la resolución y la inoponibilidad –a las cuales se refirió someramente– son los fenómenos jurídicos que conducen a la ineficacia, sea total, sea parcial.

Otra referencia a la ineficacia aparece inmersa en la SC de 6 de agosto de 2010, también de la CSJ, (M. P. César Julio VALENCIA COPETE), publicada en: *Jurisprudencia y Doctrina*, t. XXXIX, N° 466, octubre de 2010, Bogotá, Legis, pp. 1694 a 1710. En esta segunda providencia se precisa: *"(...) suelen distinguirse, de manera general, tres categorías de acuerdos ineficaces en términos genéricos: los inexistentes, los inválidos y los inoponibles"*, p. 1702.

En igual forma la sentencia C-345 de 2017 (M. P. Alejando LINARES CANTILLO), en la que se indica que la *ineficacia en sentido amplio* "comprende (...) fenómenos tan *diferentes como la inexistencia, la nulidad absoluta, la nulidad relativa, la ineficacia de pleno derecho y la inoponibilidad"*; en tanto que la *ineficacia en sentido estricto* "se presenta *en aquellos casos en los cuales la ley, por razones de diferente naturaleza, ha previsto que el acto no debe producir efectos de ninguna naturaleza sin que sea necesario la existencia de una declaración judicial en ese sentido"*.

Cabe agregar que, en lo que concierne a la *conversión del negocio jurídico*, concretamente a la *conversión del negocio inválido o ineficaz*, Emilio BETTI enseña que tal forma de conversión *"consiste en una **corrección de calificación jurídica** del negocio, o sea, en estimarlo **como negocio de tipo distinto** de aquel que fue realmente celebrado"*, amén de que —acota dicho autor— *"obedece a la misma exigencia general de **conservación** del negocio jurídico que inspira la interpretación del contrato cuando éste o una cláusula de él admita dos sentidos (...) y determina la convalidación del negocio inválido"*[23].

Por su lado, VON THUR, refiriéndose al *"proceso"* de *conversión del negocio jurídico*, anota que dicho instituto *"se funda en la consideración de que los contratantes están más interesados en el efecto práctico, especialmente económico, que en la forma jurídica elegida para alcanzarlo"*[24].

4. CONVERSIÓN O CORRECCIÓN JURÍDICA Y CONSERVACIÓN DEL
   EFECTO JURÍDICO ÚTIL

De lo expuesto en precedencia se colige que la *conversión o*

---

23 BETTI, Emilio, Op. Cit., pp. 375 a 377.

24 VON THUR, Andreas, *Derecho Civil, Teoría general del derecho civil alemán*, V. I., Buenos Aires, Depalma, 1947, p. 318.   Citado por MÉNDEZ COSTA, María Josefa, *Conversión del negocio jurídico inválido en el derecho argentino*, Revista de Ciencias Jurídicas y Sociales, año 23, 3ª época, N° 117, Buenos Aires, 1968, p. 190; y por MONTEAGUDO, María del Rosario, *La Conversión del Acto Jurídico Nulo*, Universidad Católica Argentina, Maestría en Derecho, Buenos Aires, 2019, pp. 5 y 68.

corrección jurídica es el fenómeno en virtud del cual se rescatan efectos jurídicos del acto, negocio, o documento con relevancia jurídica, pero en una modalidad distinta del acto, negocio o documento perpetrado, celebrado o elaborado, o, si se quiere, del que se creyó perpetrar, celebrar o elaborar.

La *conservación del efecto jurídico útil*, en cambio y como se evidenciará en adelante, responde al principio hermenéutico de *conservación del derecho y del efecto útil*, en virtud del cual, cuando un acto, negocio o documento admite varios sentidos, interpretaciones o calificaciones, se prefiere el sentido, interpretación o calificación más razonable dentro del ordenamiento jurídico como sistema.

Sobre el particular –ciertamente– en materia de contratos, el Código Civil incluye, en los artículos 1618 a 1624, varias reglas de interpretación basadas en el principio de la *conservación del derecho y del efecto útil*.

El principio de la *conservación del derecho y del efecto útil* tiene aplicación, en mayor magnitud, en materia de interpretación de normas jurídicas[25], incluso en los contornos de la interpretación constitucional, concretamente en las sentencias interpretativas o condicionadas proferidas por la Corte Constitucional. Al respecto el

---

25 En este sentido la sentencia de 19 de mayo de 2004, CSJ, SP (M. P. Álvaro Orlando PÉREZ PINZÓN), publicada en: *Jurisprudencia y Doctrina*, t. XXXIII, N° 395, noviembre de 2004, Bogotá, Legis, p. 1740.

máximo órgano jurisdiccional tiene dicho:

"El principio de la conservación de derecho constituye una obligación para los tribunales constitucionales de mantener al máximo las disposiciones normativas o leyes emanadas del legislador, en virtud del principio democrático. Así, en virtud de este principio, la Corte decide adoptar una decisión que permita preservar, antes que anular, la labor del congreso, es decir, mantener la voluntad del congreso y, por ende garantizar el principio democrático" (sentencia C-038 de 2006 M. P. Humberto Antonio SIERRA PORTO)[26].

En la misma sentencia se cita la C-499 de 1994, que precisó:

"(...) no puede [la Corte Constitucional] *excluir una norma legal del ordenamiento jurídico, por vía de la declaración de inexequibilidad, cuando existe, por lo menos, una interpretación de la misma que se aviene con el texto constitucional. De ser así, el juez de la carta se encuentra en la obligación de declarar la exequibilidad de la norma condicionada a que ésta sea entendida de acuerdo con la interpretación que se concilie con el texto superior. Con esto, se persigue, esencialmente, salvaguardar, al menos, algunos de los posibles efectos jurídicos de la disposición demandada, de manera que se conserve al*

---

26 Publicada en: *Jurisprudencia y Doctrina*, t. XXXV, N° 415, julio de 2006, Bogotá, Legis, p. 1260.

máximo la voluntad del legislador"[27].

El principio de la *conservación del derecho y del efecto útil* opera también en los negocios jurídicos parcialmente nulos o de nulidad de alguna(s) de sus cláusulas, en concreto cuando aparece que las partes habrían celebrado el negocio sin la porción o estipulación viciada de nulidad (artículo 902 del Código de Comercio). Y en tratándose de negocios jurídicos plurilaterales en que las prestaciones de cada uno de los contratantes se encaminan a la obtención de un fin común, la nulidad que afecta el vínculo respecto de uno sólo de ellos, no acarrea la nulidad de todo el negocio, *"a menos que su participación, según las circunstancias, sea esencial para la consecución del fin previsto"* (artículo 903 ibídem).

5. EL FENÓMENO DE LA *CONVERSIÓN JURÍDICA* RESPONDE AL PRINCIPIO DE LA *CONSERVACIÓN DEL DERECHO*. TODO EVENTO DE *CONVERSIÓN* ENTRAÑA ALGO DE *CONSERVACIÓN*

A pesar de que el instituto de la *conversión o corrección jurídica* difiere del de la *conservación del efecto jurídico útil*, es incuestionable que todo evento de conversión, ya del acto, ora del negocio, o bien del documento con relevancia jurídica, entraña algo de conservación del acto, negocio o documento respectivo. Esto habida cuenta que la conversión, en cuanto se surte en el acto, negocio o documento,

---

27 Ibíd., p. 1260. Sobre el mismo tópico versan las sentencias C-070 de 1996, C-100 de 1996, C-273 de 1999, C-649 de 2001, C-995 de 2001, C-122 de 2011 y C-054 de 2016.

admite, en principio, la conservación, si no del acto, negocio o documento celebrado o elaborado, o que se creyó celebrar o elaborar, sí de algún(os) efecto(s) jurídico(s) útil(es) del mismo, lo que lleva a concluir que el fenómeno de la *conversión jurídica* responde al principio de la *conservación del derecho*[28].

La consideración precedente debilita, por tanto, la doctrina que pretende desconocer que el principio de la conservación tiene incidencia en el fenómeno de la conversión, sustentada –dicha doctrina– en la estimación de que con la conversión el acto, negocio, o documento correspondiente no se conserva sino que se transforma[29].

---

28 Véase a DÍEZ SOTO, Carlos Manuel, Op. Cit, p. 25. El mismo autor, al desarrollar el acápite *"La elaboración del instituto de la conversión por obra de los pandectistas. La actitud de la jurisprudencia alemana anterior al B.G.B.* [Código Civil Alemán de 1900]*"*, en lo que al negocio se refiere, anota: *"(...) la conversión, aun implicando una 'transformación' del negocio, realiza al mismo tiempo un principio de 'conservación' de la misma esencia del negocio: el elemento volitivo"*, p. 29, ibídem.

Cabe agregar que la precitada obra, según se indica en nota de pie de página incluida en su capítulo introductorio, *"tiene su origen en la tesis doctoral titulada 'la conversione del contrato nullo' dirigida por el Prof. Francesco GALGANO, y defendida en la Universidad de Bolonia (Italia) el día 25 de junio de 1991. Obtuvo la máxima calificación (Summa cum laude), y recibió el Premio Vittorio Emanuele II de la misma Universidad"*, pp. 9 y 10.

La susodicha obra consiste en un exhaustivo, riguroso y profundo estudio del fenómeno de la conversión, desde sus fuentes en el derecho romano y otros ordenamientos jurídicos europeos, pasando con detenimiento por el alemán, el francés y el italiano, hasta llegar al español.

29 Ibíd., p. 11, donde registra: *"si para algunos autores la conversión es una manifestación típica, si no la principal, del principio general de conservación del negocio, para otros es inherente a la esencia del fenómeno el hecho de que, con él, el contrato no se conserva (siendo el de conservación un principio de naturaleza esencialmente hermenéutica), sino que se transforma"*.

Es de anotar que en el derecho romano no existió una alusión explícita al instituto de la conversión jurídica, aunque se le reconoce, sí, la consagración de *reglas de conservación jurídica*. Un ejemplo concreto es el de la *cláusula codicilar*, por virtud de la cual el testador declaraba que en caso de que su última voluntad careciere de valor como testamento, habría de entenderse que lo sería con el carácter de *codicilar*, quedando en tal forma a salvo los legados del difunto[30].

De esa manera se admitía que las disposiciones contenidas en el testamento inválido se convirtieran en disposiciones fideicomisarias siempre que el testador hiciere previsión expresa en ese sentido[31].

Con apoyo en el citado tipo de cláusula se aceptaba también la conversión en el testamento militar cuando se consignare la previsión correspondiente en un segundo testamento[32].

6. CONVERSIÓN FORMAL Y CONVERSIÓN SUSTANCIAL

El fenómeno de la conversión jurídica, que según se indicó abarca al

---

30 DE LOS MOZOS, José Luis, *La Conversión del Negocio Jurídico,* Barcelona, España, Bosch, Casa Editorial, 1959, p. 178.

31 Ídem.

32 DÍEZ SOTO, Op. Cit., p. 25.

negocio jurídico, al acto jurídico y al documento con relevancia jurídica, puede ser –dice GOYTISOLO–[33] de orden formal (conversión formal), o de orden sustancial (conversión sustancial).

6.1. Conversión formal

Se presenta la *conversión formal* (o *instrumental*) cuando el vicio del negocio, acto o documento es meramente formal. En este caso se afecta sólo el medio de prueba, no la esencia o sustancia del negocio, acto o documento respectivo. Así, por ejemplo, si del negocio se trata, a pesar del vicio, aquél sigue siendo el mismo, con elementos de forma diferentes. No se da una verdadera conversión, ya que el negocio persiste pese a los defectos formales de que adolece.

El autor antes nombrado reseña como ejemplo de *conversión formal* el documento en que se omite algún requisito del acto público, el cual –sostiene– vale como escritura privada.

6.2. Conversión sustancial

Acontece la *conversión sustancial* (o *material*) cuando se afecta la esencia del acto, negocio o documento, dado que se transforma o

---

33 VALLET DE GOYTISOLO, Op. Cit., citado por DE LOS MOZOS, Op. Cit., citado a su vez por TRUJILLO CALLE, *De los Títulos Valores, Parte General*, Op. Cit., p. 447. También por DE CASTRO Y BRAVO, Op. Cit., p. 486, nota (55); y DÍEZ SOTO, Op. Cit., p. 63, nota (181).

produce efectos de uno distinto. En tal evento opera una conversión material, propia o verdadera[34].

7. ESCRITURA PÚBLICA NULA Y ESCRITURA PÚBLICA INEXISTENTE

Pertinente es distinguir aquí entre *escritura pública nula* y *escritura pública inexistente*.

A la *escritura pública nula* se refiere el artículo 99 del Decreto-Ley 960 de 1970 (*Por el cual se expide el estatuto de notariado*), que reza:

"Desde el punto de vista formal [i. e. como instrumentos públicos contentivos de declaraciones en actos jurídicos emitidos ante notario][35], *son nulas las escrituras en que se omita el cumplimiento de los requisitos esenciales en los siguientes casos:*

1. Cuando el Notario actúe fuera de los límites territoriales del respectivo Círculo Notarial.

---

34 VALLET DE GOYTISOLO, Op. Cit., citado por DE LOS MOZOS, Op. Cit., citado a su vez TRUJILLO CALLE, Bernardo, *De los Títulos Valores, Parte General*, Op. Cit., p. 447. En igual sentido MESSINEO, F.: *"Il contratto in genere"*, en *Trattato di diritto civile e commerciale*, dirigido por CICU y MESSINEO, vol. XXI, t. 2, Milano, 1972, p. 388; y GRASSETI, *L'interpretaione del negozio jurídico*, Pavona 1938, pp. 172 y 173, citados por DÍEZ SOTO, Carlos Manuel, Op. Cit., p. 53.

35 Artículo 13 del Decreto-Ley 960 de 1970.

2. Cuando faltare la comparecencia ante el Notario de cualquiera de los otorgantes, bien sea directamente o por representación.

3. Cuando los comparecientes no hayan prestado aprobación al texto del instrumento extendido.

4. Cuando no aparezcan la fecha y el lugar de la autorización, la denominación legal del Notario, los comprobantes de la representación, o los necesarios para autorizar la cancelación.

5. Cuando no aparezca debidamente establecida la identificación de los otorgantes o de sus representantes, o la firma de aquellos o de cualquier compareciente.

6. Cuando no se hayan consignado los datos y circunstancias necesarios para determinar los bienes objeto de las declaraciones".

Aspecto característico –a resaltar– de la transcrita norma, es que se circunscribe a las *escrituras nulas* *"Desde el punto de vista formal" "en que se omita el cumplimiento de los requisitos esenciales"* en los casos en ella señalados. En otros términos, se ocupa de la *forma en su esencia.* Alude a los requisitos esenciales del instrumento como tal.

A la *escritura pública inexistente* se refiere, a su turno, el artículo 100 del Estatuto de Notariado precitado, que establece:

"El instrumento que no haya sido autorizado por el Notario no adquiere la calidad de escritura pública y es inexistente como tal. Empero, si faltare solamente la firma del Notario, y la omisión se debiere a causas diferentes de las que justifican la negativa de la autorización, podrá la Superintendencia de Notariado y Registro, con conocimiento de causa, disponer que el instrumento se suscriba por quien se halle ejerciendo el cargo".

Como puede observarse, la *escritura púbica nula* es distinta a la *escritura pública inexistente*. Una y otra categoría se estructuran por causales específicas y diferentes. La primera se da por el incumplimiento de puntuales requisitos esenciales desde el punto de vista formal (i. e. como instrumento público). La segunda se da (primordialmente) por falta de autorización del notario, caso en el cual no alcanza la condición de escritura pública. Sin embargo, y conforme se verá enseguida, ambos tipos de instrumentos (la *escritura púbica nula* y la *escritura pública inexistente*), son susceptibles de *conversión* tanto *formal* como *sustancial*.

8.   CONVERSIÓN FORMAL Y SUSTANCIAL DEL DOCUMENTO

Al respecto, el inciso 2° del artículo 1760 del Código Civil colombiano establece: *"(...) el instrumento defectuoso por incompetencia del funcionario o por falta en la forma, valdrá como instrumento privado si estuviere firmado por las partes".*

En la misma dirección, y de manera más precisa y detallada, el artículo 259 del Código General del Proceso (266 del Código de Procedimiento Civil) preceptúa: *"**Instrumento público defectuoso.** El instrumento que no tenga el carácter de público por incompetencia del funcionario o por otra falta en la forma, se tendrá como documento privado si estuviere suscrito por los interesados".*

Las citadas disposiciones se ocupan del instrumento (público) defectuoso, sea *"por incompetencia del funcionario"*, sea por *"por falta de forma"*, el cual consistirá: i) en una *escritura pública nula* si la deficiencia de que adolece es una de las enlistadas en el artículo 99 del Decreto-Ley 960 de 1970, alusivas a puntuales falencias de requisitos formales esenciales; o ii) en una *escritura pública inexistente* si la imperfección, amén de esencial, trasciende las causales de nulidad enumeradas en el artículo 99 mencionado, v. gr. cuando el instrumento no es autorizado por el notario, según lo prevé el artículo 100 ibídem. En ambos casos el instrumento tiene validez como documento privado si es firmado por las partes o interesados, dando así lugar a una doble conversión: i) la *conversión formal* en cuanto una pretendida *práctica oficial* decae en *práctica particular;* y ii) la *conversión sustancial o material* habida cuenta que a cambio de una *escritura o instrumento público* resulta elaborándose una *escritura o instrumento privado.*

40

9. CONVERSIÓN DE O EN LA ESCRITURA PÚBLICA NULA Y EN LA INEXISTENTE

Ejemplo de *conversión de* o *en la escritura pública nula* es, entre otros, el del contrato de arrendamiento (o el de compraventa de una cosa mueble), plasmado en un instrumento de esa naturaleza en el que el notario actúe por fuera de los límites territoriales de su círculo notarial, el cual tiene valor de documento privado si es suscrito por las partes (artículos 1760 del C. C., 259 del C. G. P. y 266 del C.P. C.).

A su turno, ejemplo de *conversión de o en la escritura pública inexistente*, es también entre otros el del contrato de compraventa de una cosa mueble (incluso el de arrendamiento de un bien mueble o inmueble), que las partes deciden instrumentar –que es distinto a perfeccionar– en un documento destinado a ser escritura pública, pero que no alcanza a ser tal por deficiencia de requisitos esenciales no constitutiva de nulidad, v. gr. por omisión de la firma del notario.

En uno y otro caso el negocio jurídico se mantiene pese a la ineficacia (nulidad o inexistencia) del instrumento como documento público. En dichos dos eventos el frustrado instrumento degenera en un documento privado. De suerte que la malograda escritura pública perdura a la postre como instrumento particular, que si versa sobre actos o contratos no sometidos a solemnidad o forma escrita, se

41

torna en medio de prueba del acto o contrato correspondiente. Es lo que en el derecho italiano (artículo 2701 del Código Civil), se denomina *"conversión del acto público"*.

En suma, tanto las escrituras públicas nulas, como las inexistentes, son *válidas* como instrumentos privados demostrativos de actos que no requieren intervención de fedatario, siempre que estén firmadas por las partes. En tales casos –podría decirse–, el acto se conserva, en tanto que el instrumento se convierte.

Es normal –incluso– que una *escritura pública nula,* o una *inexistente,* no firmada por ninguno de los interesados, o apenas suscrita por uno o varios de ellos, subsista como documento privado. Vale decir, que aparte de la *conversión formal* en sí, exteriorice una típica *conversión sustancial o material* como instrumento.

Refuerzan y comprueban lo antedicho los artículos 259, 260, 261 y 263 del Código General del Proceso (266, 279, 270 y 281 del Código de Procedimiento Civil), que en su orden se refieren a: i) el **carácter de documento privado** que se le atribuye al *"instrumento que no tenga el carácter de público por incompetencia del funcionario o por otra falta en la forma (...) si estuviere suscrito por los interesados"* (artículos 259 del. C.P.C. y 266 del C.P.C.); ii) el **alcance probatorio de los documentos privados** *"entre quienes los suscribieron o crearon y sus causahabientes como respecto de terceros"* (artículos 260 del C.G.P. y 279 del C.P.C.); iii) la **presunción de certeza** del *"contenido del documento firmado en blanco o con espacios sin llenar"* (artículos 261

42

del C.G.P. y 270 del C.P.C.); y iv) la **fe que hacen** los *"asientos, registros y papeles domésticos" "contra el que los ha elaborado, escrito o firmado"* (artículo 263 del C.G.P.), o simplemente *"contra el que los ha escrito o firmado"* (artículo 281 del C.P.C.)

Resta por decir –y reiterar quizás– que a diferencia de la *escritura pública nula* (que a pesar de irregular o inválida alcanza a ser instrumento público, aunque válido apenas como *documento privado*), la *escritura pública inexistente* no alcanza a ser instrumento público, aunque sí *documento privado*, conforme ha quedado elucidado.

10. CONVERSIÓN TÍPICA O LEGAL Y CONVERSIÓN ATÍPICA

La conversión puede ser típica o legal (cuando está contemplada en una norma jurídica), y atípica (cuando no aparece referida en una norma expresa).

11. FORMAS GENERALES DE CONVERSIÓN EN EL CÓDIGO CIVIL Y EN EL CÓDIGO DE COMERCIO

Antes de abordar el estudio del fenómeno de la conversión jurídica en el derecho colombiano, pertinente es reseñar, en primer lugar, dos formas generales de conversión: i) la *conversión del contrato* (regulada en el artículo 1501 del Código Civil), y ii) la *conversión del contrato nulo* (regulada en el artículo 904 del Código de Comercio).

11.1. Conversión del contrato

De la conversión o corrección del contrato se ocupa, en términos generales, el artículo 1501 del Código Civil cuando refiere a las cosas que son de su **esencia**, aspecto acerca del cual señala: *"son aquellas, sin las cuales, o no produce efecto alguno, o degeneran en otro contrato diferente"*[36].

11.2. Conversión del contrato nulo (todo contrato es negocio jurídico, aunque no lo contrario)

De manera detallada, el artículo 904 del Código de Comercio establece: *"El contrato nulo producirá los efectos de un contrato diferente, del cual contenga los requisitos esenciales y formales, si considerando el fin perseguido por las partes, deba suponerse que éstas, de haber conocido la nulidad, habrían querido celebrar el otro contrato".*

Prima facie, según la norma antes transcrita, el fenómeno en cuestión opera cuando un contrato nulo produce los efectos de un contrato diferente, por lo que, en lugar de la denominada, en parte impropiamente, *conversión del negocio jurídico* (en casos en que se

---

36 Las otras cosas que se distinguen en cada contrato, a las cuales alude el artículo 1501 del Código Civil, son i) las de su **naturaleza**, *"las que no siendo esenciales en él se entienden pertenecerle, sin necesidad de una cláusula especial"*, y ii) las **puramente accidentales**, *"aquellas que ni esencial ni naturalmente le pertenecen, y que se le agregan por medio de cláusulas especiales".*

alude al citado artículo), sería preferible, amén de más técnica, ajustada y exacta, la denominación *conversión del contrato nulo* (como reza el artículo 904 citado). Esto por cuanto la locución *conversión del negocio jurídico*, semánticamente hablando, abarca no sólo el contrato (tipo de negocio jurídico al cual se refiere de manera específica el artículo 904 mencionado), sino otros tipos de negocios que no son contratos, v. gr. la ocupación, el abandono y el pago, ya ejemplificados.

El contrato, al tenor del artículo 1495 del Código Civil, consiste esencialmente en *"un acto por el cual **una parte se obliga para con otra** [se resalta] a dar, hacer o no hacer alguna cosa. Cada parte puede ser de una o de muchas personas"*. O, como lo dispone el inciso 1° del artículo 864 del Código de Comercio, *"El contrato es un **acuerdo de dos o más partes** [se resalta] para constituir, regular o extinguir entre ellas una relación jurídica patrimonial"*. El *negocio jurídico*, a su turno, consiste básicamente en un acto voluntario, contractual o no, encaminado a la producción de efectos jurídicos, ya de orden obligacional, bien de índole patrimonial, ora de cualquiera otro tipo.

Ejemplos de actos voluntarios no constitutivos de contratos, pero sí de negocios jurídicos, podrían ser, como se dijo ya (Cap. I, núm. 1), la *renuncia a un derecho* (artículo 15 del Código Civil), el *pago realizado por un tercero distinto del deudor* y aun sin su conocimiento o contra su voluntad (artículos 1630 a 1632 del Código Civil), la *oferta de contrato* (artículos 845 y siguientes del Código de Comercio), e incluso el acto de *entrar en posesión de un bien* (artículo 762 del Código Civil) con la posibilidad de adquirirlo por prescripción, aumentando en esta forma el valor de los activos del poseedor.

11.2.1. Elementos y requisitos de la conversión del contrato nulo

En lo que compete al fenómeno de la *conversión del contrato nulo*, de la simple lectura del artículo 904 del C. Co. se infiere que los elementos y requisitos constitutivos del mismo son:

1). *Que exista un contrato.* (Por lo menos en el marco normativo del artículo 904 del C. Co., que se ocupa de la denominada teoría de la *conversión del negocio jurídico*, más exactamente de la *conversión del contrato nulo*). Para los fines aquí previstos, baste con reiterar que el inciso 1° del artículo 864 del C. Co. define el *contrato* como *"(...) un acuerdo de dos o más partes para constituir, regular o extinguir entre ellas una relación jurídica patrimonial, y, salvo estipulación en contrario, se entenderá celebrado en el lugar de residencia del proponente y en el momento en que éste reciba la aceptación de la propuesta".*

Cabe decir también –para no ahondar más en el instituto por ser innecesario para los fines aquí previstos– que acerca del concepto *contrato* existe abundante doctrina y copiosa jurisprudencia, consignadas en suficiente material bibliográfico de fácil consulta.

2). *Que dicho contrato sea nulo.* Esto es, que se trate de un contrato viciado de nulidad absoluta, no de simple nulidad relativa. Lo que se explica en razón a que, conforme al artículo 1743 del Código Civil[37], *"La nulidad relativa no puede ser declarada por el juez o prefecto sino a pedimento de parte; ni puede pedirse su declaración por el Ministerio Público en el solo interés de la ley; ni puede alegarse sino por aquellos en cuyo beneficio la han establecido las leyes, o por sus herederos o cesionarios, y puede sanearse por el lapso del tiempo o por ratificación de las partes".*

El que la nulidad relativa proteja intereses particulares y sólo pueda ser declarada a petición del beneficiado (o sus herederos o cesionarios), así como susceptible de sanease por el transcurso del tiempo o por ratificación de las partes, torna innecesaria la adopción de correctivos expresos (como el de la conversión del contrato nulo) tendientes a salvar el contrato anulable (el viciado de nulidad

---

37 Dicho sea de paso que el artículo 1743 del Código Civil (sobre interés para alegar la nulidad relativa y saneamiento de la misma), así como todos los demás artículos del citado código que gobiernen la formación de los actos, los contratos y las obligaciones, sus efectos, interpretación, modo de extinguirse, anularse o rescindirse, son aplicables a las obligaciones y negocios jurídicos mercantiles, *"a menos que la ley establezca otra cosa"*, advierte el inciso 1° del artículo 822 del Código de Comercio. Este estatuto ya desde su artículo 1° dispone: *"Los comerciantes y los asuntos mercantiles se regirán por las disposiciones de la ley comercial, y los casos no regulados expresamente en ella serán decididos por analogía de sus normas".* Y en su artículo 2 agrega: *"En las cuestiones comerciales que no pudieren regularse conforme a la regla anterior* [la del artículo 1°]*, se aplicarán las disposiciones de la legislación civil".*

Sobre los referidos tópicos versan las sentencias de 27 de marzo de 1998, CSJ, C (M. P. José Fernando RAMÍREZ GÓMEZ), publicada en: *Jurisprudencia y Doctrina*, t. XXVII, N° 317, mayo de 1998, Bogotá, Legis, pp. 537 y 538; y 30 de agosto de 2001, CSJ, C (M. P. Nicolás BECHARA SIMANCAS), publicada en: *Jurisprudencia y Doctrina*, t. XXX, N° 358, mayo de 2001, Bogotá, Legis, pp. 1869 a 1874.

relativa), asignándole los efectos de un contrato diferente.

Ello no obsta para que el fenómeno de la conversión opere también en el caso de los contratos anulables o viciados de nulidad relativa. Sólo que el artículo 1904 del Código de Comercio, objeto de análisis, se refiere a la conversión del contrato nulo, no a la conversión del contrato anulable. Es por esta razón que no se aborda aquí el estudio de la conversión del contrato afectado de nulidad relativa, el que –se itera– es también pasible de conversión. Al fin y al cabo, conforme se indicó ya (punto *"3. Parámetros y fundamentos"* del presente Capítulo), para que se surta la conversión es lo primordial que se esté ante un acto, negocio o documento sustancial o formalmente nulo o ineficaz (modalidad de ineficacia en sentido amplio), susceptible de producir efectos de un acto, negocio, o documento distinto.

La nulidad absoluta, a diferencia de la nulidad relativa, protege intereses generales, lo que explica a su turno que al tenor del artículo 1742 del Código Civil pueda y deba *"ser declarada por el juez, aun sin petición de parte, cuando aparezca de manifiesto en el acto o contrato"*; y pueda alegarse *"por todo el que tenga interés en ello"*, así como *"por el Ministerio Público en el interés de la moral o de la ley"*.

La nulidad absoluta, además, no es susceptible de sanearse cuando sea generada por objeto y causa ilícitos, salvo que opere la prescripción extraordinaria (enunciado final del artículo 1742 citado).

Tales contingencias justifican, ciertamente, la adopción –en forma expresa– de mecanismos como el de la conversión tendientes a preservar el contrato viciado de nulidad absoluta, asignándole, en lo posible, los efectos de un contrato diferente.

En relación con la nulidad absoluta, el artículo 899 del Código de Comercio dispone:

"Será nulo absolutamente el negocio jurídico en los siguientes casos:

1. Cuando contraría una norma imperativa, salvo que la ley disponga otra cosa,

2. Cuando tenga causa u objeto ilícitos, y

3. Cuando se haya celebrado por persona absolutamente incapaz".

A la causal consagrada en el numeral 1 (contrariar el contrato una norma imperativa) se refiere, en sus condignos términos, el segundo enunciado del inciso 1° artículo 1741 del Código Civil al advertir que es constitutiva de nulidad absoluta la *"omisión de algún requisito o formalidad que las leyes prescriben para el valor de ciertos actos o contratos en consideración a la naturaleza de ellos".*

De igual manera, la causal contenida en el numeral 2 (tener el contrato causa u objeto ilícitos) corresponde exactamente a la misma causal consagrada en el primer enunciado del inciso 1° del artículo 1741 precitado, en cuanto establece que constituye nulidad absoluta la *"producida por un objeto o causa ilícita".* Sobre el particular, DE LA CALLE LOMBANA comenta: *"nunca puede admitirse la conversión del negocio ilícito. Cuando se ataca el orden público o las buenas costumbres, no hay lugar a buscar, así sea por este medio, la protección de la ley"*[38].

Por su parte, AURICCHIO A.[39] sostiene que la **ilicitud** constituye un *vicio funcional del negocio*, que lo hace ineficaz por contrariar una *norma prohibitiva*; mientras que la **nulidad** responde a un *vicio estructural interno del negocio,* dado que contraría una *norma ordenadora.* Y concluye que el negocio ilícito, perfecto en su estructura pero viciado en su función, se mueve en un plano distinto al del negocio nulo.

La causal contenida en el numeral 3 (celebrarse el contrato por persona absolutamente incapaz) corresponde a la misma causal consignada en el inciso 2° del artículo 1741 mencionado (*"Hay así mismo nulidad absoluta en los actos y contratos de personas absolutamente incapaces"*).

---

38 DE LA CALLE LOMBANA, Humberto, *La Inoperatividad del Negocio Jurídico*, en *Monografías Jurídicas*, núm. 69, Bogotá, Temis, 1990, p. 80.

39 *In tema di conversiones del negozio illecito*, en *Riv. Di. Dir. Comm.*, LII, 1954, II, pp. 261 y 262, citado por DÍEZ SOTO, Carlos Manuel, Op. Cit., p. 148.

3). *Que dicho contrato contenga los requisitos esenciales y formales de un contrato diferente; y*

4). *Que, considerado el fin perseguido por las partes (elemento volitivo), deba suponerse que de haber conocido la nulidad, habrían querido celebrar el contrato diferente.*

Es lo que se denomina la *voluntad hipotética* reconstruida en función de finalidad práctica del contrato[40].

Cosa distinta a la exigencia de la nulidad absoluta para que tenga cabida el instituto de la conversión del contrato nulo, sostiene un sector de la doctrina. Así, por ejemplo, la autora argentina María del Rosario MONTEAGUDO (en el país austral, dicho sea de paso, no existe una norma expresa que posibilite la conversión del contrato nulo)[41], expone: *"Siguiendo el razonamiento de ALTERINI* [a quien atribuye el referirse a la conversión como *'un modo genérico de sanear al acto de los vicios de los que adolece'*] *(...) el acto jurídico celebrado por las partes debe ser de nulidad relativa, toda vez que sólo un acto afectado por la nulidad relativa puede sanearse con posterioridad a su celebración"*[42].

Sin embargo, la misma autora, a renglón seguido advierte que

---

40 Al respecto puede consultarse a DÍEZ SOTO, Carlos Manuel. Op. Cit., pp.122 a 128.
41 Lo propio ocurre con Francia, España, Chile y Perú, para sólo citar algunos casos.

42 MONTEAGUDO, Op. Cit., p. 27.

si bien el artículo 388 del Código Civil y Comercial de la Nación (Argentina) *"alude a la confirmación y a la prescripción como modos de sanear el acto afectado por la nulidad relativa, nada obsta a que se pueda extender la solución propuesta a los supuestos de conversión del acto jurídico nulo "*[43].

A decir verdad, el que sólo algunos ordenamientos se refieran de manera expresa a la conversión de los contratos nulos (de nulidad absoluta)[44], y que guarden silencio sobre la posibilidad de que opere en los contratos anulables (de nulidad relativa), no es óbice para que el instituto de la conversión opere en ambos tipos de contratos. No se olvide que se trata de un fenómeno que se da en el acto, negocio o documento sustancial o formalmente nulo o ineficaz susceptible de producir efectos de un acto, negocio, o documento diferente (del cual reúna o contenga los requisitos o elementos respectivos), si considerado el fin del acto, negocio o documento, deba (o pueda) suponerse que los intervinientes, de haber conocido la nulidad o ineficacia, habrían querido celebrar el acto o negocio diferente, o

---

43 Ídem.

44 Entre ellos **Alemania** (artículo 140 del B.G.B. de 1900), **Grecia** (artículo 182 del Código Civil de 1940), **Italia** (artículo 1424 del Código Civil de 1942), **Portugal** (artículo 293 del Código Civil de 1966), **Colombia** (artículo 1904 del Código de Comercio de 1971), y **Brasil** (artículo 170 del Código Civil de 2002). Al respecto, puede consultarse a DÍEZ SOTO, Carlos Manuel, p. 25. Op. Cit., pp. 46 a 52. También a CORTEZ PÉREZ, César Daniel, *La Conversión del Negocio Jurídico Nulo en los principales sistemas jurídicos de Europa y América Latina (alcance teórico-normativo de este remedio in extremis)*, Perú, 2020, Lumen, Revista de la Facultad de Derecho de la Universidad Femenina del Sagrado Corazón, Vol. 16, N° 2. pp. 326-421.

elaborar el documento distinto.

La realidad práctica demuestra que es en el anterior contexto que se manifiesta el fenómeno de la conversión jurídica, respecto del cual, como se dijo ya, no existen parámetros comunes ni siempre uniformes que regulen los diversos tipos en que se manifiesta. Y no se pierda de vista que ante la falta de parámetros uniformes, dicho instituto se fundamenta en el reconocimiento que al mismo le hacen la ley, la jurisprudencia y la doctrina.

12. ANTECEDENTES DEL ARTÍCULO 904 DEL CÓDIGO DE COMERCIO

Los antecedentes legislativos de la conversión del negocio jurídico se remontan al B.G.B. (Burgerlich Gesetz Buch) o Código Civil Alemán de 1900, que en su § 140 dispuso:

"Si un negocio jurídico nulo responde a los requisitos de otro negocio, entonces vale éste último, si debe admitirse que la validez de éste, conociéndose la nulidad, habría sido querida".

Conforme a la norma en cita, si un negocio jurídico nulo responde a los requisitos de otro negocio, vale éste último en el supuesto de que, de conocerse la nulidad, habría sido deseada la validez del segundo.

El artículo 1424 del Código Civil Italiano de 1942, por su lado, adoptó la siguiente fórmula:

*"**Conversión del contrato nulo**.- El contrato nulo puede producir los efectos de un contrato distinto, cuyos requisitos de sustancia y forma contenga, cuando, teniendo en cuenta el fin perseguido por las partes, deba considerarse que éstas lo habrían querido si hubiesen conocido la nulidad".*

Como puede observarse, el Código Civil Italiano de 1942 es más cauto en punto a la conversión del negocio jurídico. Consagra la posibilidad (*"puede producir"*, es la fórmula que emplea la norma) de que el contrato nulo genere los efectos de un contrato distinto, *"cuyos requisitos de sustancia y forma contenga, cuando, teniendo en cuenta el fin perseguido por las partes, deba considerarse que éstas lo habrían querido si hubiesen conocido la nulidad".*

En lo que atañe al Código de Comercio Colombiano, se tiene que es, en esencia, idéntico al Código Civil Italiano de 1942. Contiene los mismos elementos de éste, ya reseñados al analizar el artículo 904 citado.

13. Otros casos de conversión en el Código Civil según la jurisprudencia

Según sentencia civil del Tribunal Superior de Medellín, de 15 de marzo de 1968, citada por TRUJILLO CALLE[45], algunas normas del Código Civil que le reconocen aplicación al fenómeno de la *conversión o corrección jurídica*, son:

1). El artículo 752, cuyo inciso 1° establece que *"Si el tradente no es el verdadero dueño de la cosa que se entrega por él o a su nombre, no se adquieren por medio de la tradición otros derechos que los transmisibles del mismo tradente sobre la cosa entregada"*, al paso que su inciso 2° agrega que *"si el tradente adquiere después el dominio, se entenderá éste haberse transferido desde el momento de la tradición"*.

2). El artículo 1113, en la parte que reza: *"Lo que en general se dejare a los pobres, sin determinar el modo de distribuirlo, se aplicará al establecimiento de beneficencia o caridad que exista en el lugar del domicilio del testador, si en dicho lugar hubiere tal establecimiento, y si no lo hubiere, se aplicará al establecimiento público de beneficencia más inmediato a dicho lugar"*.

3). El artículo 1120, que preceptúa: *"El acreedor cuyo crédito no conste sino por el testamento será considerado como legatario (...)"*.

4). El inciso 2° del artículo 1126 que dice: *"La asignación que por demasiado gravada hubieren repudiado todas las personas sucesivamente llamadas a ella por el testamento o la ley, se deferirá en último lugar a las personas a cuyo favor se hubieren constituido los*

---

45 TRUJILLO CALLE, Bernardo, *De los Títulos Valores, Parte General*, 19ª ed., Bogotá, D. C. Leyer, 2015, pp. 451 y 452.

gravámenes".

5). El artículo 1501 al señalar que son de la esencia del contrato aquellas cosas *"sin las cuales, o no produce efecto alguno, o degeneran en otro contrato diferente".*

6). El inciso 2° del artículo 1760 al puntualizar que *"el instrumento defectuoso por incompetencia del funcionario o por otra falta en la forma, valdrá como instrumento privado si estuviere firmado por las partes".*

14. PROHIBICIÓN DE ALTERAR LA VOLUNTAD NEGOCIAL SO PRETEXTO DE INTERPRETAR EL CONTRATO. SENTENCIA SC-126 DE 2000

Una breve alusión a la conversión del negocio jurídico y a la prohibición impuesta al operador judicial de alterar la voluntad negocial so pretexto de interpretar el contrato, aparece inmersa en la sentencia de 14 de agosto de 2000, CSJ, C, con ponencia del magistrado Carlos Ignacio JARAMILLO JARAMILLO, que incluye la siguiente disertación:

> *"1. (...) Ahora bien, resulta meridiano que, en no pocos casos, el simple y escueto consentimiento no basta para la formación de un determinado vínculo negocial, siendo necesario, además, el cumplimiento de alguna formalidad especial que, en tal virtud, a manera de plus, lo torna solemne —o de forma*

específica– (art. 1500 C.C.), de suerte que para la floración del negocio, es indispensable que la voluntad de las partes converja y, por ende, se exteriorice de la manera señalada por la ley –o por ellos mismos si la formalidad es de origen convencional–, en defecto de la cual el contrato, en línea de principio, estará condenado a la oscuridad negocial, como quiera que no podrá producir efectos en derecho. Pero de ese defecto congénito –o si se prefiere patológico– no se puede deducir más que la nulidad absoluta (arts. 1740 y 1741 C.C.), a menos que, 'considerando el fin perseguido por las partes' –he aquí nuevamente evidenciada en el ordenamiento patrio la sublimación del elemento volitivo–, se juzgue que puede 'producir los efectos de un contrato diferente, del cual contenga los requisitos esenciales y formales', que aquellas, 'de haber conocido la nulidad, habrían querido celebrar' (art. 904 C. de Co.), o, en el lenguaje empleado por el Código Civil, cuando por adolecer el negocio de una de 'las cosas que son de su esencia ... degenera en otro contrato diferente' (art. 1501), hipótesis éstas rotuladas por la ciencia jusprivatista moderna como 'conversión del negocio jurídico'.

De todo lo anterior se colige que no es posible aceptar que, en la encomiable función de intérpretes –y de suyo guardianes de la ley y de la justicia contractual– que corresponde a los Jueces, cuando no aparece diáfano cuál fue el negocio jurídico y más concretamente el tipo contractual celebrado por las partes, o cuál el sentido o extensión de una de sus cláusulas, puedan a su arbitrio, mejor aún capricho, alterar la voluntad negocial para soslayar un vicio de nulidad que afecte la convención y, por ese camino, no reconocer los efectos que su declaración judicial apareja, haciéndole narrar al contrato, por fuerza de la anunciada distorsión hermenéutica, ciertamente lo que las partes no acordaron o desearon, señalando unas obligaciones que ellas no quisieron asumir y, por contera, no asumieron, o avalando un efecto que no fue el deseado.

No en vano, como bien lo ha recordado esta Corporación, 'el contrato es un concierto de voluntades que por lo regular constituye una unidad y en consecuencia sus estipulaciones deben apreciarse en forma coordinada y armónica y no aislando unas de otras como partes autónomas, porque de esta suerte se podría desarticular y romper aquella unidad, se sembraría la confusión y se correría el riesgo de contrariar el querer de las partes, haciendo producir a la convención efectos que éstas acaso no sospecharon' (Cas. de 15 de marzo de 1965; 15 de junio de 1972, reiterada en sentencia de 27 de marzo de 1998. CCLII, pág. 651).

Por eso es que la ley señaló como primer criterio en punto a la hermenéutica contractual –siguiendo el señor Bello el referido plan desarrollado por R.J. Pothier–, que la intención de los contratantes prevalece sobre el texto (art. 1618 C.C.); que los términos de un contrato no pueden desligarse de la materia contratada (art. 1619 ib.); que si no aparece acreditada una voluntad contraria, 'deberá estarse a la interpretación que mejor cuadre con la naturaleza del contrato' (art. 1621 ib.), cuyas cláusulas, además, deben contextualizarse para conocer su verdadero sentido (art. 1622 ib.),

58

pues si 'el método indicado para la interpretación de un contrato es el que tenga en cuenta la totalidad de su texto, de ningún modo resulta aceptable aquel que apartándose de dicha norma pretenda hacerle producir a la convención efectos contrarios a los que de su conjunto se concluyen' (LXXVI, pág. 220), doctrina jurisprudencial que condujo igualmente a la Corte a resaltar 'que cuando el pensamiento y el querer de quienes concertaron un pacto quedan escritos en cláusulas claras, precisas y sin asomo de ambigüedad, tiene que presumirse que esas estipulaciones así concebidas son el fiel reflejo de la voluntad interna de aquellos... Los jueces tienen facultad amplia para interpretar los contratos oscuros, <u>pero no pueden olvidar que dicha atribución no los autoriza, so pretexto de interpretación, a distorsionar o desnaturalizar pactos cuyo sentido sea claro y terminante</u>, ni menos para reducir sus efectos legales o adicionar los que le son propios...' (CLXXVI, pág. 254).

Si la misión del intérprete, por consiguiente, es la de recrear la voluntad de los extremos de la relación contractual, su laborío debe circunscribirse, únicamente, a la consecución prudente y reflexiva del aludido logro, en orden a que su valoración, de índole reconstructiva, no eclipse el querer de los convencionistas *, y lo que es más importante, no conduzca a su suplantación, toda vez que ello es lo que desventuradamente hacen algunos juzgadores, quienes enarbolando la bandera hermenéutica, terminan invadiendo la órbita negocial, al punto de que en veces, mutatis mutandis, parecen fungir más como contratantes que como intérpretes del contrato, esto es, como invariablemente debe tener

---

* Tratado de las Obligaciones, Ed. Heliasta. Pág., 60.

lugar, situados en su periferia. Cuán cauteloso entonces debe ser el fallador, para evitar (sic) *que la intención real de los artífices del negocio respectivo, sea fidedignamente interpretada –y de paso respetada– y de ninguna manera mancillada, o sea, adulterada o falsificada, so capa de buscar, equivocada y forzadamente, la supuesta intención de los que han contratado o de identificar el tipo contractual y de fijar su hipotético alcance, sin percatarse que procediendo de esa cuestionada manera la conculcan y, por consiguiente, a modo de irresoluta secuela, distorsionan el acuerdo negocial, ora porque recortan su extensión, ora porque la aumentan o, incluso, porque lo truequen. De ahí que so pretexto de auscultar la voluntad de los contratantes, no puede el intérprete desfigurar el texto del contrato, máxime si éste, justamente, la recoge con fidelidad".* (Las subrayas son del texto original).

14.1. Necesidad de interpretar las cláusulas tanto esenciales como accidentales

En la misma sentencia antes citada, a renglón seguido se concluye:

"En consecuencia, para establecer si entre las partes se celebró o no un determinado y específico contrato, como ocurre aquí con el de promesa de compraventa, se hace necesario verificar, en primer término, atendidas las cláusulas del negocio, si se cumplieron los requisitos esenciales que lo tipifican (art. 1501 y 89 ley 153/1887)

60

y, en segundo lugar, en caso de existir duda razonable o controversia al respecto, dilucidar cuál fue –a partir de la evidencia, que no de la intuición (gnoseología jurídica) o de la simple especulación– la intención real de los contratantes, más allá de lo que emerja del mismo texto del documento, con mayor razón si es una cláusula en particular la que mina el alcance de aquel. De este modo –señala el doctrinante Emilio Betti– a una interpretación puramente gramatical y atomista que podría aislar la declaración del marco de las circunstancias socialmente relevantes en que fue emitida y a poner (sic) *la letra por encima del espíritu, se contrapone otra interpretación que integra la declaración y la encuadra en el completo comportamiento recíproco y en el conjunto de las circunstancias en la que se desarrolla, esclareciendo el espíritu y el fin práctico en la conciencia de ambas partes'* (Se subraya).*

Elucidado lo que antecede, importa precisar que, examinado panorámica o contextualmente un contrato, lo que supone auscultar, amén que articular, sus diversas cláusulas, es posible corroborar que estas sean el fruto de diversas expresiones de voluntad consustanciales al negocio jurídico –maestro– que celebraron (art. 1501 C.C.), o, por el contrario, ajenas –in toto– a éste, al punto que puedan, por sí mismas, traducirse en pactos accidentales o complementarios de aquel. Así sucede, por vía de ejemplo, de cara a una promesa de contrato de compraventa, con las cláusulas que recogen acuerdos que no son de su esencia, como acontece con los pactos sobre pagos y entregas anticipadas del

---

* La interpretación de las leyes y actos jurídicos. Ed. Revista de Derecho Privado. Madrid. 1975. Pág. 372.

precio y de la cosa prometida en venta —cuya accidentalidad es evidente—, o con aquellas otras en virtud de las cuales el promitente vendedor se obliga a adquirir el bien —como por ejemplo mediante adjudicación, previo adelantamiento del trámite administrativo correspondiente—, acuerdos que, de ninguna manera, pueden interpretarse en el sentido de desnaturalizar el negocio jurídico, máxime si no son inherentes a él, o son accesorios". (Las subrayas son del texto original).

14.2. El caso concreto.   Intención y acuerdo expreso e inequívoco de celebrar una promesa de compraventa

"2. (...) en la cláusula tercera el 'promitente vendedor' declaró (...) que 'se compromete a adelantar por su cuenta la pronta tramitación de la resolución de adjudicación del inmueble en referencia en favor del Promitente Comprador para registrarla y presentarla a éste para la cancelación del saldo del valor de la negociación'.

(...)

B. Siendo este el contenido del escrito contentivo de ese acuerdo, no puede menos que verse claramente, sin hesitación alguna, que en él aparece en forma expresa la intención contractual especificada en el título de celebrar una promesa de venta, e igualmente el consentimiento expreso de que es este el contrato convenido, en el cual se precisaron las calidades de las partes como promitentes vendedor y comprador, así como el objeto del

62

mismo: prometiendo el uno vender y el otro comprar el derecho de dominio sobre un bien.

(...) no solo hubo intención, sino acuerdo expreso e inequívoco de celebración de una promesa de compraventa de inmueble –con independencia de si reúne los requisitos formales que la ley determina para su validez–, la cual, pese a reconocerse por el juzgador, termina infirmando bajo el pretexto de que la obligación del promitente vendedor era la de ceder unos derechos, negando así que de dicho contrato nació una obligación de hacer –sin perjuicio de su eventual ineficacia–, consistente en suscribir la escritura que es necesaria para el perfeccionamiento del negocio prometido, prestación esta que, se ha señalado insistentemente por la Sala, es propia de este tipo de negocios jurídicos (CCXLIX, pág. 1367).

(...)

"3. (...)

C.Los yerros señalados llevaron a su vez al Tribunal a no estudiar la invalidez demandada, pues, a su juicio, como de la promesa no surgió la obligación de suscribir una escritura de venta, mal podía predicarse aquel fenómeno, dejando así de considerar, por causa de las equivocaciones aludidas, la viabilidad de la pretensión de nulidad (...).

En suma, el Tribunal no tuvo como acreditada, en su real dimensión, la existencia –así fuera viciada– del contrato de promesa de compraventa cuya nulidad se demandó, pese a obrar en el expediente la prueba del mismo. De paso, al alterar el contenido material del documento que recoge aquel negocio, tuvo como demostrado –de alguna manera– otro que no fue celebrado (cesión de derechos), incurriendo así en evidente error de hecho que, por las razones señaladas, afectó el sentido de la decisión".

15. MOMENTO EN QUE AFLORA LA CONVERSIÓN JURÍDICA

Se deduce de lo atrás expuesto que la conversión jurídica se evidencia, no en el instante de estructuración del acto, negocio o documento de que se trate, sino al momento en que se determina (con carácter vinculante) el sentido y alcance del acto, negocio o documento pertinente. Ese afloramiento se da principalmente en la etapa de ejecución del acto o negocio; o en el instante en que se utiliza el documento; o al momento de examinar o calificar (especialmente en sede judicial) el acto, negocio o documento correspondiente; o cuando se pretende modificarlo, prorrogarlo o renovarlo.

Que lo anterior es así, lo confirma el hecho de que entretanto no haya lugar a revisar el acto, negocio o documento que resulta a la postre presentando falencias de validez (y más exactamente fallas de eficacia en su sentido amplio), equivale a como si no las

64

padeciere. Con la peculiaridad de que si las aludidas falencias o fallas versan sobre nulidad (sea relativa, sea absoluta), se sanean por el decurso del tiempo, vale decir por prescripción (artículos 1742, 1743 y 1750 del C. C., y 900 del C. Co.), si bien renunciable ésta como lo es todo tipo de prescripción (*"La prescripción puede ser renunciada expresa o tácitamente ..."*, reza el artículo 2514 del C. C.).

No en vano, en armonía con lo antedicho, el parágrafo 1° del artículo 20 de la Ley 1579 (*Por la cual se expide el estatuto de registro de instrumentos públicos y se dictan otras disposiciones*), advierte: *"La inscripción no convalida los actos o negocios jurídicos inscritos que sean nulos conforme a la ley. Sin embargo, los asientos registrales en que consten esos actos o negocios jurídicos solamente podrán ser anulados por decisión judicial debidamente ejecutoriada".*

16. CONVALIDACIÓN DEL CONTRATO NULO NO SUSCEPTIBLE DE CONVERSIÓN

Una singular forma de preservación del contrato nulo por *"objeto o causa ilícitos"* (que si bien se vio antes no es susceptible de conversión en cuanto afrenta el orden público o las buenas costumbres)[46], es la suscitada por el transcurso del tiempo. Tal tipo de nulidad, por disposición expresa de la ley (enunciado final del artículo 1742 del Código Civil), es pasible de sanearse, así como el

---

46 DE LA CALLE LOMBANA, Humberto, *La Inoperatividad del Negocio Jurídico*, en *Monografías Jurídicas*, núm. 69, Bogotá, Temis, 1990, p. 80.

contrato afectado de convalidarse, por prescripción extraordinaria[47].

Sobre el particular la Corte Constitucional, en sentencia C-597 de 21 de octubre de 1998 (M. P. Carlos GAVIRIA DÍAZ), por la cual declaró exequible la expresión *"y en todo caso por prescripción extraordinaria"* contenida en el artículo 1742 del Código Civil, expuso:

> *"Ha sido universalmente aceptado que la causa que justifica el instituto de la prescripción de la acción, es sin duda, la seguridad jurídica y el orden público, pues el interés general de la sociedad exige que haya certeza y estabilidad en las relaciones jurídicas. Sin embargo, también se afirma que es la lógica consecuencia de la negligencia o inactividad de quien deba hacerla valer oportunamente, esto es, dentro del tiempo y condiciones que consagre la ley, 'porque las acciones duran mientras el derecho a la tutela jurídica no haya perecido y ese derecho, generalmente, subsiste tanto y en cuanto no se haya perdido por la inactividad del titular'"*[48].

(...)

Fundamentos análogos a los señalados para la prescripción

---

47 Para mejor ilustración del asunto, el artículo 1742 del Código Civil establece: *"La nulidad absoluta puede y debe ser declarada por el juez, aun sin petición de parte, cuando aparezca de manifiesto en el acto o contrato; puede alegarse por todo el que tenga interés en ello; puede así mismo pedirse su declaración por el Ministerio Público en el interés de la moral o de la ley. Cuando no es generada por objeto o causa ilícitos, puede sanearse por ratificación de las partes y en todo caso por prescripción extraordinaria".*

48 Publicada en: *Jurisprudencia y Doctrina*, t. XXVIII, N° 325, enero de 1999, Bogotá, Legis, p. 137.

extintiva (de la que aquí se trata), justifican la prescripción adquisitiva. Lo que en principio es una situación fáctica (aún violenta) no amparada por el derecho, deviene, transcurrido un lapso que el legislador juzga razonable, en interés jurídico digno de protección. La negligencia o aun la indolencia de quienes están habilitados para enmendar, con su acción, la situación o la conducta reprochables, la toma en cuenta el derecho objetivo para construir un derecho subjetivo, con todas las consecuencias que ello implica.

(…).

La convivencia pacífica, consagrada en el artículo 2 de la Constitución, consecuencia del interés general consignado en el primero, exigen que existan reglas jurídicas claras a las cuales deban someter su conducta las personas que viven en Colombia, y que no subsistan indefinidamente situaciones inciertas generadoras de disputas y litigios sin fin, incompatibles con la seguridad jurídica y, en último término, con el derecho a la paz, que es el eje de toda nuestra normatividad superior".

Como puede observarse, aunque el contrato viciado de nulidad absoluta por objeto o causa ilícitos no sea susceptible de conversión (conforme lo advierte DE LA CALLE LOMBANA)[49], es sí pasible de saneamiento por prescripción extraordinaria.

---

[49] DE LA CALLE LOMBANA, Humberto, Op. Cit., p. 80.

Se exceptúan, eso sí, de saneamiento por prescripción extraordinaria los casos de *"bienes adquiridos mediante enriquecimiento ilícito, en perjuicio del tesoro público o con grave deterioro de la moral social"* (artículo 34 de la Constitución Política), respecto de los cuales procede la declaración judicial de extinción de dominio.

Acerca de la materia la Corte Constitucional en sentencia C-374 de 13 de agosto de 1997 (M. P. José Gregorio HERNÁNDEZ GALINDO), sobre exequibilidad de la Ley 333 de 1996 (*Por la cual se establecen las normas de extinción de dominio sobre los bienes adquiridos en forma ilícita*), ya derogada[50], señaló:

"(...) el artículo 34 de la C.P., rechaza, en términos absolutos, toda protección jurídica a la adquisición de bienes mediante enriquecimiento ilícito, en perjuicio del Tesoro Público o con grave deterioro de la moral social. No solamente se ha prohibido, de manera perentoria, que hacia el futuro se incrementen los patrimonios personales de las personas sometidas al orden constitucional colombiano por la vía de las indicadas modalidades ilícitas, sino que se ha ordenado, en el más alto nivel de la juridicidad, que las autoridades estatales persigan las fortunas que a ese título ya se habían obtenido, inclusive antes de entrar a regir la Carta Política. Y eso es así

---

[50] La Ley 333 de 1996 fue derogada por el artículo 22 de la Ley 793 de 2002 (*Por la cual se establecen las reglas que gobiernan la extinción de dominio*), derogada a su turno, salvo el artículo 18, por el artículo 218 de la Ley 1708 de 2014 (*Por medio de la cual se expide el Código de Extinción de Dominio*).

porque, a la luz de la Constitución de 1886, los comportamientos que hoy describe la norma citada tampoco generaban derecho alguno, como quiera que el artículo 30 de esa codificación sólo garantizaba la propiedad y los demás derechos adquiridos "con justo título, con arreglo a las leyes civiles" (...).

(...)

*El repudio a los actos que erosionan en un grado superlativo el **ethos** colectivo o los valores supremos de la dignidad humana, se expresa en la Constitución bajo la forma de disposiciones absolutas, como la que proscribe la esclavitud y el enriquecimiento proveniente de las actividades indicadas. Se trata en estos casos de aplicar la voluntad constituyente a la extirpación de fenómenos que no pueden coexistir con el primado de la Constitución, así sus manifestaciones iniciales fuesen anteriores a su vigencia.*

(...)

La garantía de la irretroactividad de las leyes penales no puede ser esgrimida frente a una consecuencia de estirpe constitucional que gobierna los efectos de situaciones pasadas y que, además, se predica de los bienes y por sí misma no entraña pérdida de la libertad. La irretroactividad penal toma en consideración el elemento personal y de libre albedrío que deben intervenir en la decisión de adoptar una conducta o de

69

evitarla, según la calificación legal que sobre ellas recaiga. La
extinción del dominio es una secuela, de conformidad con la
Constitución y según la Ley examinada, de una actividad
delictiva previa -que deja incólume el principio de
irretroactividad de la ley penal, por lo cual no se trata de una
pena-, que se dirige a operar sobre los bienes obtenidos a causa
del delito o derivados de éste".

De lo elucidado se extrae que la adquisición de bienes mediante enriquecimiento ilícito, o en perjuicio del tesoro público, o con deterioro grave de la moral social (que son los eventos en que procede la extinción de dominio), suponen objeto o causa ilícitos, aunque –preciso es decirlo– no siempre el objeto o causa ilícitos encuadran en prácticas como las enunciadas.

Sucesos de causa ilícita (presunciones de) no necesariamente constitutivos de enriquecimiento ilícito, ni de perjuicio al tesoro público, ni de grave deterioro a la moral social, que suelen no dar lugar a la extinción de dominio de que trata el artículo 34 de la Constitución Política y que, por lo mismo, son susceptibles de saneamiento por prescripción extraordinaria (ante todo cuando anteceden al 1° de enero de 1991), son los que a continuación se mencionan (aparecen enlistados en el numeral 1 y en los literales a. a d. y f. del numeral 2 del artículo 77 de la Ley 1448 de 2011[51], que por cierto se supeditan a negocios y contratos de compraventa, o

---

[51] *Por la cual se dictan medidas de atención, asistencia y reparación integral a las víctimas del conflicto armado interno y se dictan otras disposiciones.*

cualquiera otro, mediante los cuales se hubiere transferido o prometido transferir algún derecho real, o la posesión, o la ocupación sobre inmuebles reclamados en restitución):

1) Negocios y contratos celebrados con personas *"condenadas por pertenencia, colaboración o financiación de grupos armados que actúan por fuera de la ley cualquiera que sea su denominación, o por narcotráfico o delitos conexos, bien sea que estos últimos hayan actuado por sí mismos en el negocio, o a través de terceros"*. (Numeral 1 del artículo 77 citado).

2) Negocios y contratos respecto de inmuebles en los cuales o en cuya colindancia hayan ocurrido *"actos de violencia generalizados, fenómenos de desplazamiento forzado colectivo, o violaciones graves a los derechos humanos"*, o se hubieren solicitado *"medidas de protección individuales y colectivas relacionadas en la Ley 387 de 1997"*. (Literal **a.** del numeral 2 del susodicho artículo 77).

3) Negocios y contratos relacionados con fundos en cuya zona de ubicación se haya producido algún *"fenómeno de concentración de la propiedad de la tierra en una o más personas, directa o indirectamente"*, o *"alteraciones significativas de los usos de la tierra como la sustitución de agricultura de consumo y sostenimiento por monocultivos, ganadería extensiva o minería industrial"*, acontecidos en forma concomitante o con posterioridad a la *"época en que ocurrieron las amenazas, los hechos de violencia o el despojo"*. (Literal **b.** del mismo numeral 2 precitado).

71

4) Negocios y contratos perfeccionados *"Con personas que hayan sido extraditadas por narcotráfico o delitos conexos, bien sea que estos últimos hayan actuado por sí mismos en el negocio, o a través de terceros"*. (Literal **c.** ibídem).

5) Negocios *"en los que el valor formalmente consagrado en el contrato, o el valor efectivamente pagado, sean inferiores al cincuenta por ciento del valor real de los derechos cuya titularida se traslada en el momento de la transacción"*. (Literal **d.** ejusdem).

6) *"(...) propiedad adjudicada de conformidad con la Ley 135 de 1961* [Sobre reforma social agraria] *y el Decreto 561 de 1989* [Por el cual se expide el régimen jurídico de las Empresas Comunitarias], *a empresas comunitarias, asociaciones o cooperativas campesinas, a empresas comunitarias asociadas o cooperativas campesinas, cuando con posterioridad al desplazamiento forzado se haya dado una transformación en los socios integrantes de la empresa"*. (Literal **f.**).

No en vano, en lo que al factor tiempo se refiere, la Ley 1448 precitada, publicada en el Diario Oficial N° 48.096 de 10 de junio de 2011, proclamó que pueden ser solicitados en restitución los predios respecto de los cuales se hubiere sido víctima de desplazamiento o abandono forzado y/o de despojo, sea de la propiedad, sea de la posesión, sea de la ocupación, por causa del conflicto armado interno *"entre el 1° de enero de 1991* [no antes] *y el término de vigencia de la Ley"* (artículo 75 de la Ley 1448 de 2011), vigencia que fijó inicialmente en *"diez (10) años"* contados a partir de su promulgación (artículo 208 ibídem, versión primera), y que fue extendida *"hasta el 10 de junio de 2031"* por el artículo 2° de la Ley 2078 de 2021, que modificó en ese aspecto el artículo 208 mencionado.

Sobre el citado tópico, la Corte Constitucional en sentencia C-250 de 28 de marzo de 2012 (M. P. Humberto Antonio SIERRA PORTO), por la que fue declarada *"exequible la expresión entre el primero de enero de 1991 y el término de vigencia de la ley, contenida en el artículo 75 de la ley 1448 de 2011, por el cargo examinado en la presente decisión"*, precisó:

"(...) el primero de enero de 1991 no es una fecha que resulte manifiestamente arbitraria y por lo tanto ha de respetarse el margen de configuración del legislador

(...)

La finalidad del trato diferenciado, según se desprende de la intervención del Ministro de Agricultura durante el debate en la plenaria de la Cámara de Representantes del proyecto de ley, es preservar la seguridad jurídica. Pues se hace alusión a la figura de la prescripción adquisitiva de dominio señala (sic) *en el Código Civil, la cual antes de la modificación introducida por la Ley 791 de 2002 operaba a los 20 años y la necesidad de proteger los derechos adquiridos de los terceros de buena fe.*

(...) el juez constitucional debe ser respetuoso del margen de

73

configuración legislativa, pues como antes se dijo la fecha adoptada fue el resultado de un amplio consenso al interior del Congreso de la República, luego de haber sido exploradas distintas alternativas temporales".

A pesar de lo arriba esclarecido, la misma alta corporación de justicia –hay que decirlo–, en sentencia C-345 de 24 de mayo de 2017 (M. P. Alejandro LINARES CANTILLO), en la que fueron declarados *"EXEQUIBLES, por los cargos analizados, el artículo 900 del Decreto Ley 410 de 1971 (parcial) y los artículos 1741 (parcial) y 1743 (parcial) del Código Civil"*, incluyó en la parte motiva el siguiente *obiter dicta* (argumento de paso) que contradice las transcritas *ratios decidendi* (razones de la decisión) de la sentencia C-597 de 1998:

"En materia de saneamiento, la ley ha prescrito que en el caso de nulidad absoluta por causa u objeto ilícito es absolutamente improcedente su saneamiento y que, en los demás casos, podría sanearse bien por ratificación de las partes o por la configuración de la prescripción extraordinaria (art. 1742 C.C.). Para el caso de la nulidad relativa, se ha previsto que ella puede sanearse por su ratificación o por el lapso o paso del tiempo (art. 1743 C.C.).

CAPÍTULO IV

CONVERSIÓN CAMBIARIA O EN EL TÍTULO VALOR

Sea lo primero precisar que los títulos valores son documentos que exhiben dos atributos: uno como documentos contentivos de derechos y otro como bienes corporales muebles, según pasa a explicarse.

1. TÍTULO VALOR COMO DOCUMENTO

Como documentos que son, los títulos valores pueden revestir el carácter de *representativos* y también el de *declarativos*. *Representativos*, porque condensan en sí los requisitos generales y específicos de un instrumento con categoría de tal. Y *declarativos*, porque recogen o contienen *"actos de voluntad productores de efectos jurídicos sustanciales (como el reconocimiento de una deuda, la forma de pagarla, el reconocimiento de intereses no pactados, etcétera)"*[52].

2. TÍTULO VALOR COMO DOCUMENTO CONTENTIVO DE DERECHOS

---

52 CJS, SC5424 de 22 de diciembre de 2019, M. P. Octavio Augusto TEJEIRO DUQUE. Publicada en: *Jurisprudencia y Doctrina*, t. XLIX, N° 577, enero de 2020, Bogotá, Legis, p. 69.

En cuanto a atributos concierne, los títulos valores son documentos que contienen derechos (*literales* y *autónomos*) según lo advierte el artículo 619 del Código de Comercio, que reza: *"Los títulos-valores son documentos necesarios para legitimar el ejercicio del <u>derecho</u> literal y autónomo <u>que en ellos se incorpora</u>. Pueden ser de contenido crediticio, corporativos o de participación, y de tradición o representativos de mercancías".* (Subrayado fuera de texto).

El que los títulos valores sean documentos contentivos de derechos posibilita anticipar que la conversión cambiaria o conversión en el título valor es predicable tanto respecto del documento en sí (caso en el cual se presenta una *conversión formal o instrumental*), como de la declaración cartular o derecho-s- que incorpora (evento en el cual se produce una *conversión sustancial o material*).

3. TÍTULO VALOR COMO BIEN CORPORAL MUEBLE

Los títulos valores son, asimismo, *bienes corporales muebles*. *Corporales*, porque tienen ser real y pueden ser percibidos por los sentidos, conforme lo advierte el artículo 653 del Código Civil. Y *muebles*, porque *"pueden transportarse de un lugar a otro"*, como lo pregona el artículo 655 ibídem.

Al ser (los títulos valores) bienes corporales muebles, sobre ellos pueden ostentarse derechos reales, como los de propiedad y prenda (artículo 665 del Código Civil en concordancia con el artículo 659 del Código de Comercio). Por la misma razón, en los casos de extravío, hurto o algún otro medio de apropiación ilícita, su dueño puede reivindicarlos contra quien sólo sea poseedor de los mismos, v. gr. el primer adquirente o cualquier tenedor ulterior que no sea de buena fe exenta de culpa (artículos 819 y 820 del Código de Comercio en concordancia con los artículos 946, 947, 950 y 952 del Código Civil).

Es por lo predicho, vale decir, por ser bienes corporales muebles, que el artículo 629 del estatuto mercantil establece: *"La reivindicación, el secuestro, o cualesquiera otras afectaciones o gravámenes sobre los derechos consignados en un título-valor o sobre las mercancías por él representadas, no surtirán efectos si no comprenden el título mismo materialmente"*. (Se subraya).

Armonizados los dos atributos mencionados (como bienes corporales muebles y como documentos contentivos de derechos), es dable decir, aunque pueda sonar extraño, que los títulos valores son *bienes corporales muebles que contienen cosas incorporales o derechos*[53], específicamente derechos de crédito contra quienes los hayan suscrito (artículo 626 del C. Co. en concordancia con los artículos 653, inciso final, y 666 del C. C.).

---

53 Categoría de bienes reconocida en el inciso final del artículo 653 del C. C. Cosas o bienes *incorporales* son, reza la norma en cita, *"las que consisten en meros derechos, como los créditos* [se subraya] *y las servidumbres activas"*.

4. CASOS TÍPICOS (REGULADOS EN LA LEY) DE CONVERSIÓN CAMBIARIA O EN EL TÍTULO VALOR

Con sujeción a los parámetros legales, jurisprudenciales y doctrinarios sobre corrección o conversión jurídica ya reseñados, se advierten, en el Título III del Libro Tercero del Código de Comercio (artículos 619 a 821), variados casos de *conversión cambiaria*, tanto formal o instrumental, como sustancial o material, conforme se demuestra a continuación:

4.1.   Conversión cambiaria formal o instrumental (la que se predica del documento en sí, no de la declaración cambiaria o de los derechos incorporados en el título)

A la conversión cambiaria formal o instrumental se refiere, de modo general, el artículo 821 del Código de Comercio, al establecer: *"Cuando en la ley o en los contratos se emplea la expresión 'instrumentos negociables' se entenderá por tal los títulos valores de contenido crediticio que tengan por objeto el pago de moneda".*

Dicho de otra manera, la transcrita norma entiende por títulos valores de contenido crediticio la expresión *"instrumentos negociables"* en los casos en que es empleada en la ley o en los contratos. De ello se sigue que los instrumentos negociables pueden ser creados, además de por disposición legal, por cláusula contractual.

Ejemplo de adopción legal de la expresión *"instrumentos negociables"* (por la cual debe entenderse, con arreglo al artículo 821 del C. Co., los títulos valores de contenido crediticio que tienen por objeto el pago de moneda), es el inciso 1º del artículo 1394 del C. Co., que reza: *"Los bancos expedirán, a solicitud del interesado, certificados de depósito a término los que, salvo estipulación en contrario, serán **negociables** [léase serán considerados por la ley títulos valores de contenido crediticio] como se prevé en el título III del libro III de este código"* (resaltado fuera de texto).

A la conversión cambiaria formal o instrumental se refiere también el artículo 646 en cuanto señala: *"Los títulos creados en el extranjero tendrán la consideración de títulos-valores si llenan los requisitos mínimos establecidos en la ley que rigió su creación".*

Al mismo tipo de conversión se refieren en igual forma, pero ya de manera negativa, los artículos 669 y 770, en cuanto establecen que los títulos expedidos al portador en los casos no autorizados expresamente por la ley *"no producirán efectos como títulos valores".*

En el mismo sentido el artículo 712, en cuanto dispone: *"El cheque sólo puede ser expedido en formularios impresos de cheques o chequeras y a cargo de un banco. El título que en forma de cheques se expida en contravención a este artículo no producirá efecto de título-valor",* mas –se acota aquí– puede, sí, producir otros efectos.

También el inciso 2° del artículo 774 al preceptuar: *"No tendrá el carácter de título valor la factura que no cumpla con la totalidad de los requisitos legales señalados en el presente artículo.   Sin embargo, la omisión de cualquiera de estos requisitos, no afectará la validez del negocio jurídico que dio origen a la factura"* (lo que significa que, aunque pierda el carácter de título valor, conserva el carácter de documento con alcance probatorio –medio ***ad probationem**–* en los términos de ley).

4.2.   Conversión cambiaria sustancial o material (la que se predica de la declaración cambiaria o de los derechos incorporados en el título, no del documento en sí)

A este tipo de conversión se refieren las siguientes normas, que no le niegan eficacia al documento como título valor, pero que les asignan específicos efectos a distintos tipos de anotaciones u omisiones que puede presentar el mismo:

1). Los dos últimos incisos del artículo 621 del Código de Comercio en cuanto disponen, en su orden:

"Si no se menciona el lugar de cumplimiento o ejercicio del derecho, lo será el del domicilio del creador del título; y si tuviere varios, entre ellos podrá elegir el tenedor, quien tendrá igualmente derecho de elección si el título señala varios lugares de cumplimiento o de ejercicio. Sin embargo, cuando el título sea representativo de mercaderías, también podrá ejercerse la acción derivada del mismo en el lugar en que éstas deben ser entregadas.

Si no se menciona la fecha y el lugar de creación del título se tendrán como tales la fecha y el lugar de su entrega".

2). El inciso 3º del artículo 622 conforme al cual el título valor con espacios en blanco, o el título incompleto, o el documento firmado en blanco, negociado después de llenado a favor de un tercero de buena fe exenta de culpa, *"será válido y efectivo para dicho tenedor y éste podrá hacerlo valer como si se hubiera llenado de acuerdo con las autorizaciones dadas"*[54].

3). El artículo 623, que establece: i) *"Si el importe del título aparece a la vez escrito en palabras y en cifras, valdrá, en caso de diferencia, la suma escrita en palabras"*, y ii) *"Si aparecen diversas cantidades en cifras y en palabras, y la diferencia fuere relativa a la obligación de una misma parte, valdrá la suma menor expresada en palabras".*

4). El artículo 627, que señala: i) *"Todo suscriptor de un título-valor se obligará autónomamente"* y ii) *"Las circunstancias que invaliden la obligación de alguno o algunos de los signatarios, no afectarán las obligaciones de los demás".*

---

54 Un exhaustivo análisis, realizado por quien estas líneas escribe, acerca del fenómeno de la *buena fe exenta de culpa*, tanto en materia civil como en materia cambiaria, aparece inmerso en la obra *Buena fe exenta de culpa*, Bogotá, D. C., Ediciones jurídicas radar, 1993.

5). El artículo 631, sobre la calidad de obligado conforme al texto original o conforme al texto alterado, dependiendo de que la alteración se produzca antes o después de la suscripción del título.

6). El inciso 2º del artículo 634, conforme al cual *"La sola firma puesta en el título, cuando no se le pueda atribuir otra significación, se tendrá como firma de avalista".*

7). El artículo 635, según el cual *"A falta de mención de cantidad, el aval garantiza el importe total del título".*

8). El artículo 636, que indica: *"El avalista quedará obligado en los términos que correspondan formalmente al avalado y su obligación será válida aun cuando la de este último no lo sea".*

9). El inciso 2º del artículo 639, en cuanto advierte que, quien suscriba un título sin que exista contraprestación cambiaria a las obligaciones que contrae, en ningún caso *"podrá oponer la excepción de falta de causa onerosa contra cualquier tenedor del instrumento que haya dado por éste una contraprestación, aunque tal hecho sea conocido por el adquirente al tiempo de recibir el instrumento".*

10). El inciso 3º del artículo 640 al establecer: *"(...) quien haya dado lugar, con hechos positivos o con omisiones graves, a que se crea, conforme a los usos del comercio, que un tercero está autorizado para suscribir títulos en su nombre, no podrá oponer la excepción de falta de representación en el suscriptor".*

11). El artículo 642, que reza:

"Quien suscribe un título-valor a nombre de otro, sin poder para hacerlo, se obligará personalmente como si hubiera obrado en nombre propio.

La ratificación expresa o tácita de la suscripción transferirá a quien la hace las obligaciones del suscriptor, a partir de la fecha de la suscripción.

Será tácita la ratificación que resulte de actos que necesariamente acepten la firma o sus consecuencias. La ratificación expresa podrá hacerse en el título o separadamente".

12). El artículo 647, del cual se desprende que no es tenedor legítimo del título quien no lo posea conforme a su ley de circulación.

13). El artículo 652, que le asigna efectos específicos a la transferencia del título a la orden por medio distinto del endoso. Sobre el particular estatuye: *"La transferencia de un título a la orden por medio diverso del endoso, subroga al adquirente en todos los derechos que el título confiera; pero lo sujeta a todas las excepciones que se hubieran podido oponer al enajenante".*

14). El artículo 654, que le atribuye efectos especiales al endoso al portador o a la falta de firma del endosante. Al efecto establece: *"El endoso al portador producirá efectos de endoso en blanco"* (penúltimo inciso). *"La falta de firma hará el endoso inexistente"*. (inciso final).

En el caso del *endoso al portador*, que produce efectos de endoso en blanco, *"el tenedor deberá llenar el endoso en blanco con su nombre o el de un tercero, antes de presentar el título para el ejercicio del derecho que en él se incorpora"* (inciso 1° del artículo 654 citado). Y en el caso del *endoso inexistente*, la consecuencia que se genera es la de que el tenedor no será considerado legítimo (o conforme a la ley de circulación del título –artículo 647–), amén de que, por disposición expresa del artículo 652 ibídem queda sujeto *"a todas las excepciones que se hubieren podido oponer al enajenante"*.

15). El artículo 655, que dispone que toda condición inserta en el endoso *"se tendrá por no puesta"* y que *"El endoso parcial se tendrá por no escrito"*.

16). El artículo 657, que prevé: i) *"El endosante contraerá obligación autónoma frente a todos los tenedores posteriores a él"*, y ii) que la cláusula *"sin mi responsabilidad"* u otra equivalente agregada al endoso libera de responsabilidad cambiaria al endosante.

17). El artículo 660, que versa sobre *"El endoso posterior al vencimiento del título"*, respecto del cual indica: *"producirá los efectos de una cesión ordinaria".* En este caso, así como en el del endoso inexistente, si bien el tenedor del título puede estar legitimado para ejercitar la acción cambiaria (según se desprende del artículo 619)[55], al estarse produciendo la transferencia del título por medio diverso del endoso, queda sujeto *"a todas las excepciones que se hubieren podido oponer al enajenante",* conforme lo dispone el artículo 652 ya

---

55 El artículo 619 del Código de Comercio alude a la condición de *tenedor del título* como presupuesto (material) para el ejercicio de la acción cambiaria. Dispone la norma en mención que *"Los títulos-valores son documentos necesarios para legitimar el ejercicio del derecho literal y autónomo que en ellos se incorpora".* De manera que uno es el **tenedor del título**, vale decir quien tiene la posibilidad de ejercer el derecho literal y autónomo incorporado en el título; y otro el **tenedor legítimo**, que, según el artículo 647 del Código de Comercio, es quien posee el título *"conforme a su ley de circulación".*

Aunque la diferencia entre **tenedor del título** (con legitimación para ejercer el derecho incorporado en el título) y **tenedor legítimo** (considerado como tal quien posee el título conforme a su ley de circulación), pudiera parecer sutil, es en realidad sustancial. Véase por qué:

1. Tenedor del título. Le asiste legitimación para ejercer el derecho literal y autónomo incorporado en el título y para demandar el cobro judicial del mismo, mas si no es tenedor conforme a la ley de circulación puede quedar sujeto *"a todas las excepciones que se hubieran podido oponer al enajenante"* (artículo 652 del C. Co.), entre ellas *"las derivadas del negocio jurídico que dio origen a la creación o transferencia del título, contra quien haya sido parte en el respectivo negocio"* (numeral 12 del artículo 784 ibídem), en particular cuando recibe el título por medio distinto del endoso. Y si el título es transferible por endoso y este ocurre después del vencimiento, *"producirá los efectos de una cesión ordinaria"* (inciso 2° del artículo 660 ibídem).

2. Tenedor legítimo. Por ser tenedor del título conforme a su ley de circulación, no le son oponibles las excepciones que se pudieren proponer al enajenante, salvo que se desvirtúe en su contra la presunción de *"tenedor legítimo"* que lo ampara.

En la anterior forma, los conceptos **tenedor del título** (con posibilidad para demandar el derecho literal y autónomo que en el título se incorpora) y **tenedor legítimo** (conforme a la ley de circulación), aunque no son similares pueden sí ser compatibles, amén de complementarios, ya que la condición de **tenedor del título** supone la legitimación mencionada, en tanto que la condición de **tenedor legítimo** no sólo supone la aludida legitimación, sino que entraña, además, una presunción legal: que se posee el título conforme a su ley de circulación. Dicha presunción, al ser *juris tantum*, es susceptible de prueba en contrario.

citado.

18). El artículo 666 en la parte que reza: *"La transferencia por recibo producirá efectos de endoso sin responsabilidad"*.

19). El artículo 674, que dice: *"Si se señalare el vencimiento para principios, mediados o fines de mes, se entenderá por estos términos los días primero, quince y último del mes correspondiente"*.

20). El artículo 675, que reza: *"Las expresiones 'una semana', 'dos semanas', 'una quincena' o 'medio mes', se entenderán, no como una o dos semanas enteras, sino como plazos de ocho o de quince días comunes o solares, respectivamente"*.

21). El artículo 676 cuando dispone que si la letra de cambio es girada a cargo del mismo girador, éste *"quedará obligado como aceptante"*.

22). El artículo 678 al señalar que toda cláusula que exima al girador de responder por la aceptación o pago de la letra *"se tendrá por no escrita"*.

23). El artículo 679, que reza: *"La inserción de las cláusulas 'documentos contra aceptación' o 'documentos contra pago', o de las indicaciones D/a o D/p en el texto de una letra de cambio a la que se acompañen documentos, obligará al tenedor de la letra a no entregar los documentos sino mediante la aceptación o el pago de la letra"*.

24). El artículo 682 al preceptuar que, a falta de indicación de lugar, la presentación para la aceptación de la letra *"se hará en el establecimiento o en la residencia del girado"*, y que *"Si se señalaren varios lugares, el tenedor podrá escoger cualquiera de ellos"*.

25). El artículo 687 cuando advierte que cualquiera otra modalidad de aceptación de la letra de cambio distinta a la aceptación incondicional o por cantidad menor de la expresada en la letra, *"equivaldrá a una negativa de aceptación; pero el girado quedará obligado conforme al derecho común, en los términos de la declaración que haya suscrito"*. (No se niega aquí eficacia al documento como título valor, sino que se asignan efectos específicos a la aceptación distinta de la incondicional o por cantidad menor de la indicada en la letra. Lo que guarda relación con el artículo 678, que establece: *"El girador será responsable de la aceptación y del pago de la letra. Toda cláusula que lo exima de esta responsabilidad, se tendrá por no escrita"*).

26). El artículo 688 en cuanto establece: *"Se considerará rehusada la aceptación que el girado tache antes de devolver la letra al tenedor"*.

27). El artículo 708, que preceptúa: *"Si la letra se presenta por conducto de un banco, la anotación de éste respecto de la negativa de la aceptación o de pago, valdrá como protesto"*.

28). El artículo 715 al disponer que los cheques no negociables *"sólo podrán cobrarse por conducto de un banco"*.

29). El artículo 717, en cuanto establece que i) cualquier anotación en contrario al pago a la vista del cheque *"se tendrá por no puesta"* y ii) *"El cheque posdatado será pagadero a su presentación"*.

30). El artículo 727, que dispone: *"La anotación que el librado o la cámara de compensación ponga en el cheque, de haber sido presentado en tiempo y no pagado total o parcialmente, surtirá los efectos del protesto"*.

31). Los artículos 739 y 740, conforme a los cuales la certificación por parte del librado de que existen fondos disponibles para el pago del cheque libera de responsabilidad al girador y a todos los endosantes, amén de que hace *"cambiariamente responsable al librado frente al tenedor de que el cheque será pagado a su presentación oportuna"*.

32). El artículo 741, que establece: *"La expresión 'visto bueno' u otras equivalentes, suscritas por el librado, o la sola firma de éste, equivaldrán a certificación"*.

33). El inciso 1° del artículo 773 al disponer: *"Una vez que la factura sea aceptada por el comprador o beneficiario del servicio, se considerará, frente a terceros de buena fe exenta de culpa, que el contrato que le dio origen ha sido debidamente ejecutado en la forma estipulada en el título"*.

34). El enunciado final del inciso 2° del artículo 773 cuando advierte: *"El comprador del bien o beneficiario del servicio no podrá alegar falta de representación o indebida representación por razón de la persona que reciba la mercancía o el servicio en sus dependencias, para efectos de la aceptación del título valor".*

35). El inciso 3° del artículo 773 que reza: *"La factura se considerará irrevocablemente aceptada por el comprador o beneficiario del servicio, si no reclamare en contra de su contenido, bien sea mediante devolución de la misma y de los documentos de despacho según el caso, o bien mediante reclamo escrito dirigido al emisor o tenedor del título, dentro de los diez (10) días calendarios siguientes a su recepción. En el evento en que el comprador o beneficiario del servicio no manifieste expresamente la aceptación o rechazo de la factura, y el vendedor o emisor pretenda endosarla, deberá dejar constancia de ese hecho en el título, la cual se entenderá efectuada bajo la gravedad de juramento".*

36). El segundo enunciado del numeral 1° del artículo 774 cuando señala: *"En ausencia de mención expresa en la factura de la fecha de vencimiento, se entenderá que debe ser pagada dentro de los treinta días calendario siguientes a la emisión".*

37). El inciso final del artículo 778 que establece: *"Toda estipulación que limite, restrinja o prohíba la circulación de una factura o su aceptación, se tendrá por no escrita".*

38). El artículo 820, al advertir: *"La acción reivindicatoria procederá contra el primer adquirente y contra cualquier tenedor que no sea de buena fe exenta de culpa"*.

4.3. Conversión cambiaria formal o instrumental y conversión sustancial o material

A uno y otro tipo de conversión (formal o instrumental y sustancial o material), se refiere, de manera general, el inciso 1° del artículo 620 del C. Co. al disponer que son admisibles *"Los documentos y los actos"* previstos en el título III (artículos 619 a 821) *"cuando contengan las menciones y llenen los requisitos que la ley señale (...)*. En tal forma, en la parte que alude a *"documentos"* se advierte la modalidad formal o instrumental de la conversión cambiaria, y en la parte que concierne a *"actos"* se refleja la modalidad sustancial o material de la conversión.

Cabe advertir que puede darse el caso de que en un título valor concurran, como se verá más adelante, tanto la conversión formal o instrumental como la conversión sustancial o material, pues los dos tipos de conversión no son incompatibles.

5. CASOS ATÍPICOS (NO REGULADOS EN LA LEY) DE CONVERSIÓN CAMBIARIA O EN EL TÍTULO VALOR

Sin descartar la posibilidad de que se hallen otros, existe un caso concreto de conversión cambiaria, no regulado en la ley de manera expresa, que ha dado lugar a definidas y encontradas tesis, tanto en el sentido de que es viable la conversión (admisión de la conversión), como en el de que no (negativa de la conversión). Se trata de la *letra no firmada por el girador, aunque sí por el girado. Letra sólo firmada por el girado, en la cual girador y girado-aceptante son personas distintas.*

Prima facie se observa que dicho evento versa sobre la conversión formal o instrumental, ya que la discusión en torno al mismo se centra, como se dijo antes, en si produce o no efectos de título valor, concretamente de pagaré, la letra a la orden del girador no firmada por éste aunque sí por el girado. Mas se refiere también a la conversión sustancial o material en cuanto, conforme se verá, algunos de los argumentos que suelen exponerse, ya en aras de la conversión o en contra de ésta, se centran en el tenor del texto de la declaración plasmada en el documento.

De modo que en el caso de la letra sólo signada por el girado el examen de la conversión ha de abarcar los dos ámbitos: el instrumental (o formal) y el material (o sustancial).

Atendida la importancia que reviste el asunto, así como el detenido y apartado análisis que amerita el mismo, será objeto de estudio en capítulo separado, como a continuación se procede.

CAPÍTULO V

CONVERSIÓN EN LA LETRA NO FIRMADA POR EL GIRADOR

1. JUSTIFICACIÓN DE LA RELEVANCIA PRÁCTICA

El artículo 676 del Código de Comercio dispone: *"La letra de cambio puede girarse a la orden o a cargo del mismo girador. En este último caso el girador quedará obligado como aceptante"*.

Significa lo anterior que la letra de cambio puede ser girada, bien sea *a la orden del girador* (evento en el cual hace éste las veces de beneficiario), o bien sea *a cargo del girador* (caso éste en el cual el girador queda obligado como aceptante). Una tercera posibilidad, no usual, es que la letra de cambio sea girada a la orden de un tercero (beneficiario) distinto del girador y del girado, eventualidad en la cual uno será el girador, otro el girado y otro el beneficiario.

De lo expuesto en precedencia se deduce que el girador puede ser a la vez girado (cuando la letra de cambio es girada a cargo del mismo girador), o bien persona distinta del girado (cuando la letra de cambio es girada a la orden del mismo girador o a la orden de un tercero). No obstante, cualquiera sea el caso, es menester que el girador suscriba el título, ya que, por ser el creador del mismo, debe firmarlo por disponerlo así el numeral 2° del artículo 621 del Código de Comercio (sobre requisitos generales esenciales que debe reunir todo título valor).

A pesar de lo anterior, suele ocurrir que en la praxis la letra no sea firmada por el girador (cuando éste es persona distinta del girado), aunque sí por el girado-aceptante. Y si la citada letra es presentada a cobro ejecutivo, al no ser letra de cambio (por adolecer de la falta de firma del girador –creador del título–) suscita el problema jurídico de si se le puede tener o no como pagaré y en última instancia si presta o no mérito ejecutivo.

En el presente capítulo se analizará lo atinente a si el citado tipo de letra puede ser tratado o no como pagaré. El capítulo subsiguiente versará sobre el mérito ejecutivo del referido modelo de letra, y más generalmente sobre el mérito ejecutivo de cualquier título valor ineficaz, esto es, el deficiente o incompleto por no reunir los requisitos esenciales del que se pretendió o creyó elaborar.

2. DIFERENTES TIPOS O ESTRUCTURAS DE LETRAS

Antes de abordar el estudio del fenómeno de la letra no firmada por el girador aunque sí por el girado, es pertinente decir que varios pueden ser los tipos o estructuras de letras dependiendo de si se giran a la orden del girador, o de un tercero, o a cargo del girador.

93

Al respecto pueden citarse los siguientes:

2.1.   A la orden del girador firmada por éste y por el girado

Se estructura así:

N°	**_LETRA DE CAMBIO_**	_Por $100.000_

Ciudad y Fecha: _Armenia, Quindío, 31 de enero de 2020_

Señor **_B_**..., _el 31 de diciembre de 2020_ se

servirá pagar, en _Armenia, Quindío_, a la orden de **_A_**...............................,

la suma de _CIEN MIL PESOS ($100.000)_...

**A** ... (Firmado)   **_B_** ... _(Firmado)._
Girador   Girado

En el referido evento el girador y suscriptor de la letra (A) le da la orden a B (girado-firmante) de pagarle una suma determinada de dinero. Es letra de cambio porque reúne todos los elementos y requisitos de tal clase de título valor. Tanto los generales enlistados en el artículo 621 (la mención del derecho que en el título se incorpora; la firma del creador, que en el caso de la letra de cambio lo es el girador; el lugar de cumplimiento o ejercicio del derecho, que si no se menciona lo será el del domicilio del creador; y la fecha y el lugar de creación del título, que en caso de faltar se tendrán como tales la fecha y el lugar de su entrega); como los especiales enunciados en el artículo 671 (la orden incondicional de pagar una suma determinada de dinero; el nombre del girado; la forma de vencimiento, que en el caso del ejemplo lo es *a día cierto y determinado*[56]; y la indicación de ser pagadera a la orden o al portador).

2.2.   A la orden del girador, sólo firmada por éste

El modelo es el siguiente:

N°	**LETRA DE CAMBIO**	*Por $100.000*

Ciudad y Fecha: *Armenia, Quindío, 31 de enero de 2020*

Señor *B*..., *el 31 de diciembre de 2020* se

servirá pagar, en *Armenia, Quindío*, a la orden de *A*.............................,

la suma de *CIEN MIL PESOS ($100.000)*...

A ... (Firmado)   *B ... (No firmado).*
Girador   Girado

Este tipo de letra, en el cual el girador y suscriptor (A) le da la orden a B (girado-**no** firmante) de pagarle una suma determinada de dinero, es, al igual que en el caso 2.1., letra de cambio por las mismas razones allí consignadas (por reunir los elementos y requisitos de tal clase de título valor).

---

56 Otras formas de vencimiento, según el artículo 673, son*: a la vista, a día cierto no determinado, con vencimientos ciertos y sucesivos*, y *a día cierto después de la fecha o de la vista.*

Es de resaltar que es irrelevante que el aludido instrumento, a efectos de ser admitido como título valor, resulte no suscrito por el girado. Esto por cuanto, cuando la letra es girada a la orden del girador, para que sea instrumento negociable no es menester que sea firmada por el girado. Basta la rúbrica del girador, que según lo estatuye el artículo 678 *"será responsable de la aceptación y pago de la letra"*, con la particularidad de que (agrega la citada norma), *"(T)oda cláusula que lo exima de esta responsabilidad, se tendrá por no escrita"*. Y no es necesario –incluso– que la letra sea entregada al girado y menos que éste la suscriba. O que firmada, esto es aceptada (artículo 685), sea devuelta sin reparo alguno al tenedor (artículos 687 y 688). Más aún: puede ocurrir que el girado firme la letra (con lo cual se entiende aceptada –artículo 685–) pero que tache la aceptación antes de devolverla al tenedor, caso en el cual, pese a que por tal acto de retractación se entiende rehusada la aceptación (artículo 688), la letra no pierde su condición de título valor.

La verdad es que desde antaño se tiene establecido que el título valor es tal a partir del momento en que en él confluyen los requisitos generales del artículo 621 y los especiales del artículo 671 ya referidos. No importa que haya entrado en circulación o no.

A dicho respecto, en la obra de ASCARELLI, edición en idioma español del año 1947, aparece una importante disertación que es digna de reseñar:

"(...) hay una tendencia que cada vez más se va imponiendo, incluso en la doctrina italiana, que considera como fundamento de la obligación cambiaria la creación del título. La declaración cambiaria es perfecta con la simple creación del título. Que salga de las manos del deudor es una conditio juris para la eficacia de la obligación, pero el negocio es perfecto desde la creación del título, y en consecuencia, la excepción de falta de emisión no puede oponerse válidamente al tercero poseedor de buena fe"[57].

Cosa distinta es que la obligación (cambiaria) incorporada en el referido tipo de letra adolezca de ineficacia por razón de la no entrada en circulación del título, según se desprende del artículo 625, que dicho sea de paso acogió al efecto la teoría de la emisión en cuanto dispone:

"Toda obligación cambiaria deriva su eficacia de una firma puesta en un título valor y de su entrega con la intención de hacerlo negociable conforme a la ley de su circulación.

Cuando el título se halla en poder de persona distinta del suscriptor, se presumirá tal entrega".

Esa *"entrega con la intención de hacerlo negociable"*, que apareja

---

57 ASCARELLI, Tullio, *Teoría General de los Títulos de Crédito*, Traducción de René CACHEAUX SANABRIA, México, Editorial Jus, 1947, p. 320.

la posibilidad de que el título sea transferido con sujeción a la ley de circulación que lo rige, no exige que sea efectivamente negociado[58]. Es suficiente con que exista la tactilidad de ser comercializado.

Es importante acotar que en cuanto la entrega del título con la intención de hacerlo negociable se presume cuando el instrumento se halla en poder de persona distinta del suscriptor (artículo 625, 2º inciso), de llegar a entrar en circulación aun contra la voluntad de éste, no sería dable oponerle al tenedor de buena fe la excepción de entrega sin la intención de hacerlo negociable (artículo 784, num. 11).

Sobre el particular, HELO KATTAH hace el siguiente razonamiento:

"Tena, al comentar la ley mexicana que consagra la teoría de la creación, concluye que el significado y alcance prácticos de la teoría estriba en que si el suscriptor (aceptante, girador o lo que fuere) es privado del título sin su voluntad o contra ella, no podrá invocar la involuntaria desposesión para impugnar la eficacia de su obligación, lo que bien podría hacer dentro de la teoría de la emisión. Y más adelante agrega: ... 'al poseedor de buena fe no debe preocurparle que el título haya entrado a la circulación sin la voluntad del que lo suscribe, siendo bastante

---

58 *"La simple entrega que un librador de una letra de cambio hace al beneficiario determinado en el contexto del documento no es negociación"* (MACKENZIE, Mauricio, *Doctrina y Jurisprudencia del Derecho Cambiario Colombiano,* Bogotá, Editorial Cromos, 1934, p. 57).

para su seguridad que haya sido suscrito voluntariamente'.

Pues resulta que en la forma como quedó concebida la teoría de la emisión en nuestro ordenamiento jurídico, se cumple a cabalidad, en sus efectos, ese significado y alcance prácticos que Tena le atribuye a la teoría de la creación. En primer lugar por cuanto la circunstancia de aparecer el título en manos de persona distinta del suscriptor permite suponer de hecho que la entrega con la intención de hacerlo negociable se ha verificado, dando lugar con ello a la confianza del público basado en la apariencia de la legitimidad del título; y, en segundo lugar porque también se protege la posición autónoma del tenedor de buena fe, pues, contra él, precisamente, no es posible oponer la excepción derivada de la falta de entrega del título o de la entrega del título sin la intención de hacerlo negociable. En ese punto, el más importante, coinciden, entonces, ambas teorías.

Contra el tenedor de mala fe, en cambio, sí es posible en nuestro derecho oponerle la mencionada excepción. En aquellas legislaciones como la mexicana, que consagran la tesis de la creación, tiene cabida la excepción de dolo como excepción personal, pues sería aberrante que la ley amparara la mala fe del tenedor.

Consecuentemente, por este aspecto también coinciden ambas teorías, sólo que en el primer caso la excepción es la falta de

*emisión y, en el segundo la de dolo[59]. En consecuencia la
adquisición de un título por parte de un tercero de buena fe no
queda sometida a las peligrosas vicisitudes de una voluntad no
revelada, porque, a pesar de que la presunción del artículo 625
se desvirtúe o pueda desvirtuarse, el derecho del tercer tenedor
permanece intacto, incólume, a menos que se le demuestre mala
fe"[60].*

De suerte que si la letra del ejemplo aquí expuesto entra en circulación, v. gr. es endosada por el girador A, será éste el *"responsable de la aceptación y pago de la letra"* (así lo advierte el artículo 678 del Código de Comercio), al punto que *"(T)oda cláusula que lo exima de esta responsabilidad* –agrega el artículo 678 citado–, *se tendrá por no escrita".* Y si en cualquier momento de ese recorrido el girado B suscribe la letra, o mejor: la firma en señal de aceptación, o lo que es lo mismo, la rúbrica como girado, se convertirá entonces en principal obligado. *"La aceptación convierte al aceptante en principal obligado. El aceptante quedará obligado cambiariamente aun con el*

---

59 Habida cuenta que en ambos casos o teorías la excepción se basa en la mala fe del tenedor, sería lo indicado decir que la excepción es la mala fe misma, no la falta de emisión (si se está frente al sistema de la emisión), ni el dolo (si se está frente al sistema de la creación), pues, como lo sostiene el mismo autor, *"sería aberrante que la ley amparara la mala fe del tenedor",* y, como lo reitera más adelante, *"el derecho del tercer tenedor permanece intacto, incólume, a menos que se le demuestre mala fe".* Expresado en otra forma, la prueba del dolo es también la prueba de la mala fe misma. Asimismo, la excepción de falta de emisión propuesta contra el tenedor de mala fe presupone, además de la demostración de la falta de emisión, la prueba de la mala fe del tenedor.

60 HELO KATTAH, Luis S., *De los títulos valores en general*, Bogotá, pp. 127 y ss. (En: Código de Comercio y Legislación Complementaria, Legis, pp. 385 a 388, doctrina inserta a continuación del artículo 625).

girador; y carecerá de acción cambiaria contra éste y contra los demás signatarios de la letra, salvo en el caso previsto en el artículo 639"[61], reza el artículo 689.

Es por todo lo anterior que la letra de cambio es título valor a partir del momento en que en ella concurren los elementos generales y especiales atrás mencionados.

Por manera que cuando el girador es persona distinta del girado (y aún del beneficiario[62]), la letra de cambio es título valor desde el momento en que es suscrita por el girador (quien es siempre el creador del título). Con la condición, eso sí, de que se cumplan los demás requisitos generales y especiales ya referidos, con independencia de que entre en circulación o no, esto es de que sea entregada o no al beneficiario destinado a ser el tenedor inicial.

2.3. A la orden del girador, sólo firmada por el girado

Dicho tipo de letra, concretamente la girada a la orden del mismo girador no firmada por éste, pero sí por el girado, se representa de la siguiente manera:

---

61 Sobre firma de favor.

62 Esta clase de letra, en la cual el girador, el girado y el beneficiario son personas distintas, es, según se verá (numerales 2.4. y 2.5.), de raro uso.

N° [ ]	**LETRA DE CAMBIO**	*Por $100.000*

Ciudad y Fecha: *Armenia, Quindío, 31 de enero de 2020*

Señor *B*.., *el 31 de diciembre de 2020* se

servirá pagar, en *Armenia, Quindío*, a la orden de *A*.........................,

la suma de *CIEN MIL PESOS ($100.000)*...

A ... (No firmado)
Girador

B... (Firmado).
Girado (Aceptante)

Como puede observarse, se trata de una letra girada a la orden del mismo girador (A), en la cual el **creador** del título (girador A no firmante) **es el mismo beneficiario** y persona distinta del girado-aceptante (B).

En el citado evento el girado B (único suscriptor del título), si bien firma como aceptante, no es el creador de la letra ni ésta alcanza a ser elaborada como letra de cambio, por faltar la firma del creador, es decir, del girador A. Problema que, según se verá (numeral 2.6.), no se presenta cuando el aceptante y único suscriptor del título hace las veces de girador, esto es cuando la letra de cambio es girada a cargo del mismo girador (caso en el cual girador y girado son la misma persona, de tal suerte que cuando firma se convierte en girador-aceptante).

2.4.   A la orden de un tercero firmada por el girador y por el girado

Se diseña así:

N°	**LETRA DE CAMBIO**	*Por $100.000*

Ciudad y Fecha: *Armenia, Quindío, 31 de enero de 2020*

Señor *B*.., *el 31 de diciembre de 2020* se

servirá pagar, en *Armenia, Quindío*, a la orden de *C*.................................,

la suma de *CIEN MIL PESOS ($100.000)*...

A ... (No firmado)   *B... (Firmado).*
Girador   Girado (Aceptante)

Se trata de una letra girada a la orden de un tercero (C), en la cual el creador del título (girador A), el girado-aceptante (B) y el beneficiario o persona a cuyo favor se gira la letra (C), son personas o sujetos distintos.

El girador y suscriptor de la letra (A) le da la orden a B (girado-firmante) de pagarle a un tercero (C) una suma determinada de dinero. Es letra de cambio puesto que reúne todos los elementos y requisitos –ya señalados– de tal clase de título valor.

Es un tipo de letra de raro uso, ya que lo común y corriente (en al actualidad) es que, como lo prescribe el artículo 676 del C. Co., las letras de cambio sean giradas a la orden o a cargo del mismo girador. En el primer caso el girador hace las veces de beneficiario. En el segundo queda obligado como aceptante.

En el ejemplo de marras, así como en el de la *letra a la orden del girador firmada por éste y por el girado* (numeral 2.1.), el documento es letra de cambio por reunir todos los requisitos de esta clase de título valor. Tanto los generales del artículo 621 como los especiales del artículo 671. (Al respecto son pertinentes los mismos comentarios consignados en el numeral 2.1. precitado).

2.5.   A la orden de un tercero, sólo firmada por el girador

Esta clase de letra, se esquematiza de este modo:

N°	**LETRA DE CAMBIO**	*Por $100.000*

Ciudad y Fecha: *Armenia, Quindío, 31 de enero de 2020*

Señor *B..., el 31 de diciembre de 2020* se

servirá pagar, en *Armenia, Quindío,* a la orden de *C.................................*

la suma de *CIEN MIL PESOS ($100.000)..*

A ... (Firmado)
Girador

B... (No firmado).
Girado (Aceptante)

Al igual que en el caso de la *letra a la orden del girador, sólo firmada por éste* (numeral 2.2.), es letra de cambio por reunir todos los requisitos de esta clase de título valor, ya referidos. (Véanse los comentarios contenidos en el numeral 2.2.).

2.6. A la orden de un tercero, sólo firmada por el girado

Este tipo de letra, se refleja así:

Nº	***LETRA DE CAMBIO***	Por *$100.000*

Ciudad y Fecha: *Armenia, Quindío, 31 de enero de 2020*

Señor *B*.., *el 31 de diciembre de 2020* se

servirá pagar, en *Armenia, Quindío*, a la orden de *C*............................

la suma de *CIEN MIL PESOS ($100.000)*..

A ... (No firmado)
Girador

B... (Firmado).
Girado (Aceptante)

Se trata aquí de otro tipo de letra girada a la orden de un tercero (C), en la cual el creador del título (girador A no firmante), el girado-aceptante (B) y el beneficiario o persona a cuyo favor se gira la letra (C), son personas o sujetos distintos.

Se destaca en el citado ejemplo que el girado B (único suscriptor del título), si bien firma como aceptante, no es el creador y por tanto el documento no alcanza a ser letra de cambio, por faltar, al igual que en el caso de *letra **a la orden del girador**, sólo **firmada por el girado*** (numeral 2.3.), la firma del creador y girador A.

2.7.   A cargo del girador y firmada por éste

La estructura de tal clase de letra es la siguiente:

N°	LETRA DE CAMBIO	Por $100.000

Ciudad y Fecha: *Armenia, Quindío, 31 de enero de 2020*

Señor *A*.., *el 31 de diciembre de 2020* se

servirá pagar, en *Armenia, Quindío*, a la orden de *B*.................................,

la suma de *CIEN MIL PESOS ($100.000)*...

A ... (firmado)   *B... (Firmado, o no firmado, da igual).*
Girador-girado-aceptante   Beneficiario

En dicho caso el girador A se da a sí mismo la orden de pagarle una suma determinada a un tercero, siendo irrelevante que éste suscriba o no la letra. No suscita problema alguno sobre su eficacia como título valor, ya que en tal evento, según se advirtió en el apartado final del numeral 2.3., girador y girado son la misma persona, de tal suerte que cuando firma se convierte en girador-aceptante.

Tal clase de instrumento, al igual que la *letra a la orden del girador, sólo firmada por éste* (numeral 2.2.), y la *letra a la orden de un tercero, sólo firmada por el girador* (numeral 2.5.), es letra de cambio por cumplir también los requisitos generales del artículo 621 como los especiales del artículo 671. (Al efecto caben las mismas acotaciones subsumidas en los numerales 2.2. y 2.5. mencionados).

2.8. A cargo del girador, que sólo firma como girador

El esquema de dicha letra, propuesto por TRUJILLO CALLE, es el siguiente[63]:

---

2. Letra girada pero no aceptada

Medellín, 1° de enero de 1999
Señor Pedro Pérez, sírvase pagar a la orden de Juan Ríos, la suma de $1.000,oo en Medellín, el 1° de enero del año 2000.

Pedro Pérez   Pedro Pérez
Girado (no aceptó)   (fdo.) girador

Como puede observarse, corresponde a una letra girada a cargo del mismo girador (éste se da a sí mismo la orden de pagarle una suma determinada a un tercero), que incluye un espacio para la firma del girado y otro para la firma del girador, pero que sólo tiene firmado el segundo de los referidos espacios (el destinado a la

---

63 TRUJILLO CALLE, Bernardo, *De los Títulos Valores, Parte General*, Op. Cit., p. 455.

rúbrica del girador). Se trata de una letra a cargo del mismo girador quien sólo la suscribe como girador, no como girado-aceptante.

Respecto del citado tipo de instrumento, TRUJILLO CALLE comenta: *"la letra es perfectamente válida, si bien no hay acción directa. Sólo indirecta contra el girador"*[64], a lo cual se agrega aquí que es letra de cambio por dos razones torales: una, por llevar la firma del creador, quien es el girador; y la otra porque, según lo advierte el artículo 676 del Código de Comercio, en la letra de cambio girada a cargo del mismo girador, éste *"quedará obligado como aceptante"*.

En la anterior forma, el que el artículo 676 precitado disponga que el girador quedará obligado como aceptante en la letra de cambio girada a su cargo, permite concluir que, aunque no la suscriba en el espacio destinado a su firma como girado, su sola rúbrica como girador lo obliga también como girado-aceptante.

Más todavía, conforme al artículo 678, *"El girador será responsable de la aceptación y pago de la letra. Toda cláusula que lo exima de esta responsabilidad, se tendrá por no escrita"*. De modo que el girador, una vez firma, queda responsabilizado de la aceptación y pago de la letra, y con mayor razón si ésta se gira a cargo suyo, aunque –se itera– no la suscriba en el espacio destinado a su firma como girado.

---

64 Ibíd., p. 456.

Oportuno es memorar que en la exposición de motivos del Proyecto de Código de Comercio de 1958, en lo atañedero al artículo 1422 del mismo (que disponía *"Cuando el girador y el girado sean la misma persona, o cuando el girado sea una persona supuesta o que no tenga capacidad de contratar, el tenedor podrá considerar el instrumento a su elección como letra de cambio o como pagaré"*), la Comisión Revisora expuso:

"Este artículo es exactamente el mismo artículo 132 de la Ley de Instrumentos Negociables. Se justifica esta disposición, porque en las circunstancias indicadas en el artículo, el girador de la letra debe poder ser considerado por el tenedor como una parte primordialmente obligada por el instrumento y no como una simple parte obligada subsidiariamente por el mismo"[65].

2.9.   A cargo del girador, que sólo firma como girado

El diseño de dicho instrumento, exhibido también por TRUJILLO CALLE y que corresponde al ejemplo a partir del cual desarrolla su tesis sobre la conversión de la letra en pagaré, es el siguiente[66]:

---

65 Proyecto de Código de Comercio de 1958, elaborado por la Comisión Revisora del Código de Comercio, t. II, Bogotá, Ministerio de Justicia, Julio de 1958, pp. 399 y 400.

66 TRUJILLO CALLE, Bernardo, *De los Títulos Valores, Parte General*, Op. Cit., p. 455.

3. Letra sin firma del girador pero aceptada

Medellín, 1° de enero de 1999
Señor Pedro Pérez, sírvase pagar a la orden de Juan Ríos, la suma de $1.000,oo en Medellín, el 1° de enero del año 2000.

Pedro Pérez   Pedro Pérez
Girado (aceptó)   Girador (no firmó)

Así como en el evento del numeral 2.6., se trata de una letra girada a cargo del mismo girador que contiene un espacio para la firma del girado y otro para la firma del girador, pero que sólo la suscribe como girado-aceptante, no como girador.

Al ser una letra girada a cargo del mismo girador, es letra de cambio en la medida en que el girado-aceptante (y firmante) es el mismo girador y creador del título. Y con mayor razón si se tiene en cuenta que el numeral 2° del artículo 621 del Código de Comercio, si bien establece que todo título valor debe contener la firma de quien lo crea (en el caso de la letra de cambio la firma del girador), no exige que el creador deba suscribirlo en un espacio destinado específicamente para ello.

En todo caso, si al citado tipo de instrumento se le negare la categoría de letra de cambio, sería de todos modos susceptible del mismo análisis sobre conversión de la letra en pagaré que se desarrollará más adelante, en la medida en que, como se verá, concierne a una letra en la cual el girador, aunque no firma como tal, sí lo hace como girado-aceptante. Condición ésta –la de la firma del girado-aceptante– fundamental en el instituto de la conversión de la letra en pagaré. Y no puede perderse de vista que, según lo advierte el propio TRUJILLO CALLE, *"nadie se da órdenes a sí mismo sin que se traduzca en promesa de pago"*[67].

3. UNA MEJOR APROXIMACIÓN A LA REALIDAD. MODELOS DE LETRAS USUALES EN EL TRÁFICO JURÍDICO

En la realidad práctica son usuales modelos de letras como los que se exhiben a continuación, que, conforme podrá observarse, traen preimpresas las siguientes expresiones, entre otras:

1). La palabra *"Señor"* o *"Señore(s)"*, seguida de un espacio en blanco destinado a ser llenado con el nombre del (de los) girado(s);

2). La locución *"a la orden de"*, proseguida de otro espacio en blanco para ser diligenciado con el nombre del (de los) beneficiario(s);

3). El adverbio *"Atentamente"*, o la abreviatura *"Su s.s."* (su

---

67 Ibíd., p. 453.

servidor), o las abreviaturas *"Att. y S.S."* (atentamente y su servidor), seguido(s) de otro espacio en blanco que ha de ser llenado con la firma del girador; y

4). El adjetivo *"ACEPTADA"* dispuesto, en algunos casos, de manera oblicua en el cuerpo de la letra, en otros en sentido horizontal en la parte superior de un recuadro visible al costado izquierdo y reservado para la firma del girado o girados, y en otros fijado de modo transversal en el extremo izquierdo del mismo recuadro.

112

Prototipo no válido para uso verdadero

LETRA DE CAMBIO

Prototipo no válido para uso verdadero

LETRA DE CAMBIO

Prototipo no válido para uso verdadero

LETRA DE CAMBIO

113

3.1.   Uso de modelos con fines netamente explicativos y meramente educativos

Es pertinente dejar consignado que la referencia a los modelos precitados (y a los que en lo sucesivo se enseñan) tiene **fines netamente explicativos, amén de meramente educativos**. Tal la razón por la cual en el encabezamiento de cada uno de ellos se incluye la leyenda *"Prototipo no válido para uso verdadero"*.

Al respecto el artículo 32 de la Ley 23 de 1982 (*Sobre derechos de autor*) establece: *"Es permitido utilizar obras literarias o artísticas o parte de ellas, a título de ilustración en obras destinadas a la enseñanza, por medio de publicaciones, emisiones de radiodifusión o grabaciones sonoras o visuales, dentro de los límites justificados por el fin propuesto (...)"*.

No se hace aquí utilización real de los aludidos prototipos ni se tiene la intención de promover, y tampoco la de desestimular, el uso verdadero ni la difusión o la comercialización de los mismos, lo que rápido se comprueba si se observa que son —todos ellos— arquetipos esencialmente idénticos que se caracterizan por reproducir (en diferentes formas, tamaños, combinaciones y distribuciones) líneas, coloraciones, grafías, locuciones y expresiones legales de libre, común y necesario empleo, vale decir, signos, colores y palabras de dominio público, no apropiables por ninguna persona o sujeto de derechos.

3.2. Original manera de manifestación de ideas

Aparte de lo anterior, la forma en que aquí se presentan los citados modelos o prototipos denota en sí una **original manera de manifestación de ideas** por parte de quien estas líneas escribe.

A dicho propósito, el artículo 6, inciso 2°, de la ley 23 citada dispone: *"Las ideas o contenido conceptual de las obras literarias, artísticas y científicas no son objeto de apropiación. Esta Ley protege exclusivamente la forma literaria, plástica o sonora, como las ideas del autor son descritas, explicadas, ilustradas o incorporadas en las obras literarias, científicas y artísticas".*

En el mismo sentido y de manera más explícita, el artículo 7 de la Decisión 351 de 1993 (*Régimen Común Sobre Derecho de Autor y Derechos Conexos*), preceptúa:

"Queda protegida exclusivamente la forma mediante la cual las ideas del autor son descritas, explicadas, ilustradas o incorporadas a las obras.

No son objeto de protección las ideas contenidas en las obras literarias y artísticas, o el contenido ideológico o técnico de las obras científicas, ni su aprovechamiento industrial o comercial".

115

También el artículo 9 del *Acuerdo sobre los Aspectos de los Derechos de Propiedad Intelectual Relacionados con el Comercio (ADPIC)*, que reza:

"La protección del derecho de autor abarcará las expresiones pero no las ideas, procedimientos, métodos de operación o conceptos matemáticos en sí".

Idéntica norma aparece reproducida en el artículo 2 del *Tratado de la OMPI sobre Derechos de Autor (WCT)*, adoptado en virtud del *Convenio de Berna* sobre protección de las obras y los derechos de sus autores en el entorno digital.

4. FORMAS DE ELABORACIÓN

Hechas las anteriores precisiones, hay lugar a decir que los referidos modelos o machotes de letras de cambio, en lo que a los sujetos girador, girado y beneficiario concierne, son susceptibles de ser diligenciados de diversas formas, que pueden dar lugar a los siguientes esquemas o prototipos:

4.1.   A la orden del girador firmadas por éste y por el girado

Se diseñan así:

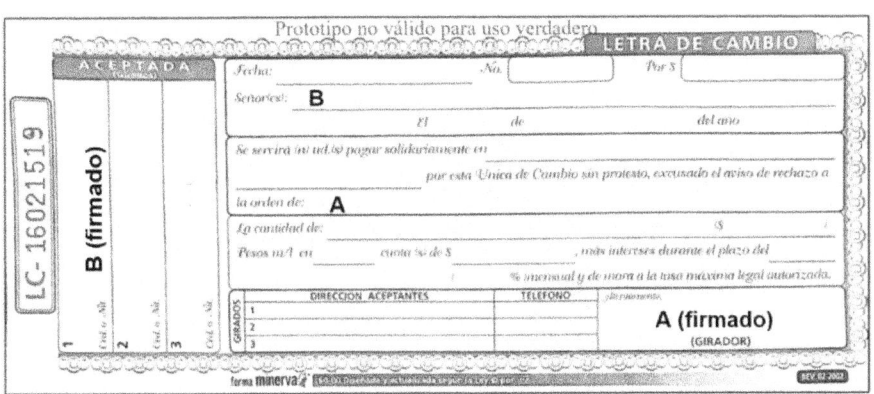

Prototipo no válido para uso verdadero

Prototipo no válido para uso verdadero

Comentarios:

En los señalados eventos el girador y suscriptor de la letra (A) le da la orden a B (girado-firmante) de pagarle una suma determinada de dinero. Son letras de cambio en cuanto reúnan los demás elementos y requisitos señalados en los artículos 621 y 671 atrás mencionados).

118

4.2. A la orden del girador, sólo firmadas por éste

Cuando aparecen diligenciadas como sigue:

Prototipo no válido para uso verdadero

LETRA DE CAMBIO

LC- 16021519

ACEPTADA (Galandas)

B (no firmado)

Fecha: _____ No. _____ Por $ _____

Señor(es): **B**

El _____ , de _____ del año _____

Se servirá (n) ud.(s) pagar solidariamente en _____

por esta Única de Cambio sin protesto, excusado el aviso de rechazo a

la orden de: **A**

La cantidad de: _____ ($)

Pesos m/l en _____ cuota (s) de $ _____ , más intereses durante el plazo del

_____ % mensual y de mora a la tasa máxima legal autorizada.

DIRECCION ACEPTANTES	TELEFONO	Atentamente,
1		**A (firmado)**
2		
3		(GIRADOR)

forma minerva

REV. 02-2002

Prototipo no válido para uso verdadero

No. _____ LETRA DE CAMBIO Por $ _____

ACEPTADA

B (no firmado)

Señor(es): **B**

El día _____ de _____ de 19 _____

Se Servirá(n) Ud.(s) Pagar Solidariamente en _____ Por esta

Única de Cambio sin Protesto Excusado el Aviso de Rechazo y la Presentación para el Pago,

a la Orden de **A** _____ La Cantidad de

Pesos M/L más intereses Durante el Plazo del _____ % de Mora del _____ % Mensuales

Atentamente   Dirección _____ Tel. _____

A (firmado)   Dirección _____ Tel. _____

Dirección _____ Tel. _____

Prototipo no válido para uso verdadero

No. _____ LETRA DE CAMBIO POR $ _____

ACEPTADA

B (no firmado)

Firma y C.C. / Nit, del Girado

A (firmado)

Firma y C.C. / Nit, del Girador

Señor(es) **B** _____ el _____ de _____

del 2.0 _____ se servirá (n) Ud. (s) pagar solidaria mente en _____

por esta única de _cambio, excusado el protesto, aviso de rechazo y la presentación para el pago,

a la orden de: **A**

la suma de

Pesos M/L, más interés durante el plazo del _____ % y mora del _____ % mensuales

Ciudad _____ **A (firmado)**

Fecha: _____ Tel. _____ Act. y S.S

120

Comentarios:

En los señalados eventos el girador y suscriptor de la letra (A) le da la orden a B (girado-**no** firmante) de pagarle una suma determinada de dinero. Son letras de cambio en cuanto contienen la firma del girador (creador de la letra). (Esto dando por sentado que dichos esquemas o prototipos reúnen los demás elementos y requisitos señalados en los artículos 621 y 671 atrás mencionados).

En caso de que los aludidos títulos entren en circulación, por ejemplo sean endosados por el girador A, será éste *"el responsable de la aceptación y pago"* (así lo advierte el artículo 678 del Código de Comercio), al punto que *"Toda cláusula que lo exima de esta responsabilidad* –agrega el artículo 678 citado–, *se tendrá por no escrita"*. Y si el girado B (persona cuyo nombre aparece a continuación de la palabra *"Señor"* o *"Señore(s)"*), suscribe el espacio distinguido con el adjetivo *"ACEPTADA"*, se convertirá entonces en principal obligado, *"quedará obligado cambiariamente aun con el girador; y carecerá de acción cambiaria contra éste y contra los demás signatarios de la letra, salvo en el caso previsto en el artículo 639"*[68] (reza el artículo 689). (Véanse las acotaciones consignadas en el numeral 2.1. precitado).

---

68 Sobre firma de favor.

4.3.   A la orden del girador, sólo firmadas por el girado

Se esquematizan de la siguiente manera:

Comentarios:

Se trata de letras giradas a la orden del mismo girador y creador (A), pero no firmadas por éste, sino sólo por el girado-aceptante (B).

Ninguno de los citados instrumentos alcanza a ser letra de cambio (por faltarles la firma del creador y girador A). (Véanse las anotaciones vertidas en el numeral 2.3.).

4.4.   A la orden de un tercero firmadas por el girador y por el girado

Cuando se elaboran como sigue:

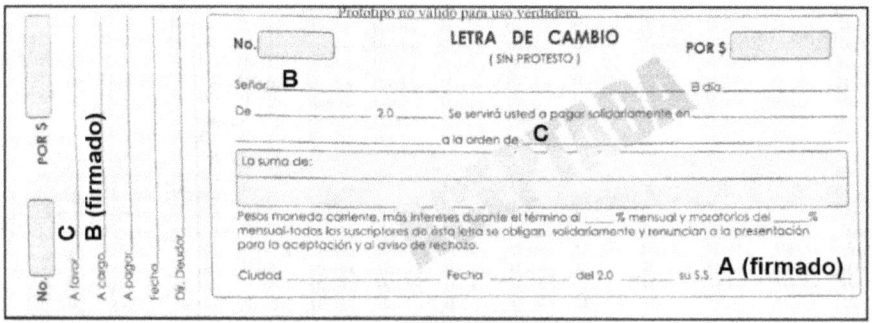

Prototipo no válido para uso verdadero

Prototipo no válido para uso verdadero

Prototipo no válido para uso verdadero

Prototipo no válido para uso verdadero

ACEPTADA	B (firmado)	Firma y C.C. / Nit. del Girado	A (firmado)

No. _____ **LETRA DE CAMBIO** POR $ _____

Señor(es) ___ **B** _____ el _____ de _____
del 2.0 _____ se servirá (n) Ud. (s) pagar solidaria mente en _____
por esta única de cambio, excusado el protesto, aviso de rechazo y la presentación para el pago,
a la orden de: **C** _____
la suma de _____

Pesos M/L, más interés durante el plazo del _____ % y mora del _____ % mensuales
Ciudad _____ **A (firmado)**
Fecha: _____ Tel: _____ Att. y S.S

Comentarios:

Son letras giradas a la orden de un tercero (C), en las cuales el creador (girador A), el girado-aceptante (B) y el beneficiario (C) o persona a cuyo favor se giran las letras son personas o sujetos distintos.

Como se dijo líneas atrás, son letras de extraño uso, habida cuenta que lo común y corriente en los tiempos actuales es que las letras de cambio sean giradas a la orden o a cargo del mismo girador (artículo 676 C. Co.).

Son letras de cambio en la medida en que, aparte de la firma del girador (creador de las letras), cumplen los demás elementos y requisitos enlistados en los artículos 621 y 671 varias veces citados. (Véanse las anotaciones subsumidas en el numeral 2.4.).

4.5.   A la orden de un tercero, sólo firmadas por el girador

Cuando son elaboradas de la siguiente manera:

Prototipo no válido para uso verdadero

LETRA DE CAMBIO

Prototipo no válido para uso verdadero

LETRA DE CAMBIO

Prototipo no válido para uso verdadero

LETRA DE CAMBIO

Caben aquí los mismos comentarios que al numeral 4.4. antecedente. Y también los del numeral 2.2.

4.6. A la orden de un tercero, sólo firmadas por el girado

Cuando son elaboradas de la siguiente forma:

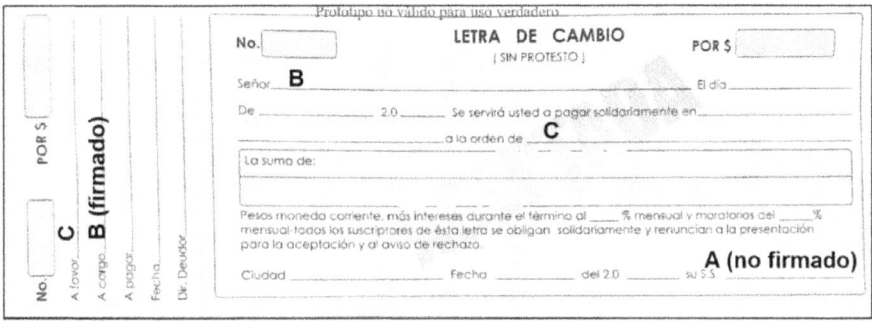

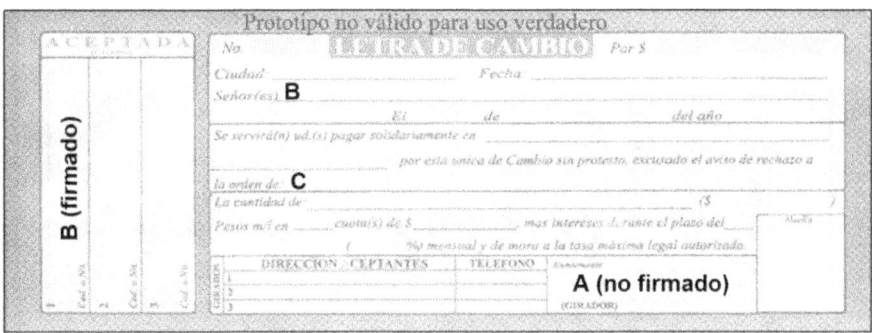

Prototipo no válido para uso verdadero

LETRA DE CAMBIO

LC- 16021519

ACEPTADA
(Girador)

B (firmado)

Fecha: _____ No. [____] Por $ [____]

Señor(es): **B**

El _____ de _____ del año

Se servirá (n) ud.(s) pagar solidariamente en _____

por esta Única de Cambio sin protesto, excusado el aviso de rechazo a

la orden de: **C**

La cantidad de: _____ ($)

Pesos m/l en _____ cuota (s) de $ _____ , más intereses durante el plazo del

_____ % mensual y de mora a la tasa máxima legal autorizada.

DIRECCION ACEPTANTES	TELEFONO	Atentamente.
1		
2		**A (no firmado)**
3		(GIRADOR)

forma minerva

Prototipo no válido para uso verdadero

ACEPTADA

B (firmado)

No. _____ LETRA DE CAMBIO Por $ _____

Señor(es): **B**

_____ El día _____ de _____ de 19 _____

Se Servirá(n) Ud.(s) Pagar Solidariamente en _____ Por esta

Unica de Cambio sin Protesto Excusado el Aviso de Rechazo y la Presentación para el Pago,

a la Orden de **C** _____ La Cantidad de.

Pesos M/L más intereses Durante el Plazo del _____ % de Mora del _____ % Mensuales

Atentamente.   Dirección _____ Tel. _____
               Dirección _____ Tel. _____
               Dirección _____ Tel. _____

A (no firmado)

Prototipo no válido para uso verdadero

No. [____] LETRA DE CAMBIO POR $ [____]

ACEPTADA

B (firmado)

A (no firmado)

Firma y C.C. / Nit, del Girado

Firma y C.C. / Nit, del Girador

Señor(es) **B** _____ el _____ de _____

del 2.0 _____ se servirá (n) Ud. (s) pagar solidaria mente en _____

por esta única de cambio, excusado el protesto, aviso de rechazo y la presentación para el pago,

a la orden de: **C** _____

la suma de _____

Pesos M/L, más interés durante el plazo del _____ % y mora del _____ % mensuales

Ciudad _____ **A (no firmado)**

Fecha: _____ Tel: _____ Att. y S.S

130

Comentarios:

Al igual que en los casos de los numerales 4.4. y 4.5., se trata aquí de letras giradas a la orden de un tercero (C), en las cuales el creador (girador A), el girado-aceptante (B) y el beneficiario (C) o persona a cuyo favor se giran las letras son personas o sujetos distintos, con la particularidad –en el presente evento– de que no aparecen firmadas por el creador (el girador A), sino sólo por el girado-aceptante (B).

Ninguno de los referidos documentos alcanza a ser letra de cambio, por faltarles la firma del creador y girador A. (Véanse las anotaciones vertidas en el numeral 2.6.).

4.7.   A cargo del girador y firmadas por éste

Cuando se perfilan del siguiente modo:

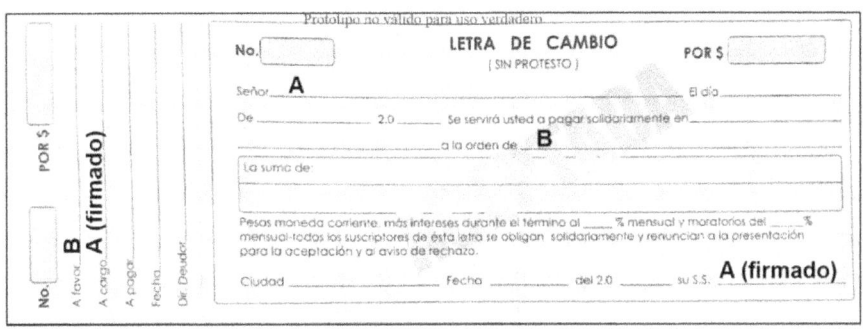

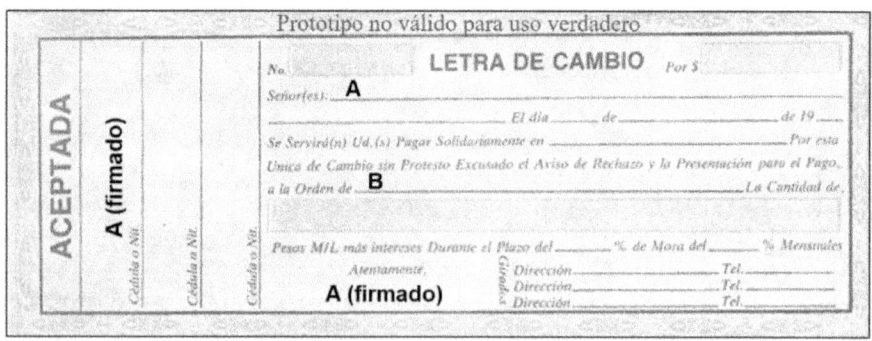

Prototipo no válido para uso verdadero

No.		LETRA DE CAMBIO	POR $

Señor(es) **A** _____ el _____ de _____

del 2.0 ____ se servirá (n) Ud. (s) pagar solidaria mente en_____
por esta unica de cambio, excusado el protesto, aviso de rechazo y la presentación para el pago,
a la orden de: **B**_____

la suma de _____

Pesos M/L, más interés durante el plazo del _____ % y mora del _____ % mensuales
Ciudad_____   **A (firmado)**
Fecha: _____ Tel: _____   Att. y S.S

(Margen izquierdo vertical): A (firmado) — Firma y C.C. / Nit. del Girado   A (firmado) — Firma y C.C. / Nit. del Girador

Comentarios:

En dichos eventos el girador A se da a sí mismo la orden de pagarle una suma determinada a un tercero (B). Son instrumentos en los cuales girador y girado son la misma persona.

Son letras de cambio siempre y cuanto, aparte de la firma del girador (creador de la letra), reúnan los demás elementos y requisitos de los pluricitados artículos 621 y 671. (Véanse las anotaciones subsumidas en el numeral 2.7.).

4.8.   A cargo del girador, que sólo firma como girador

Cuando se diligencian así:

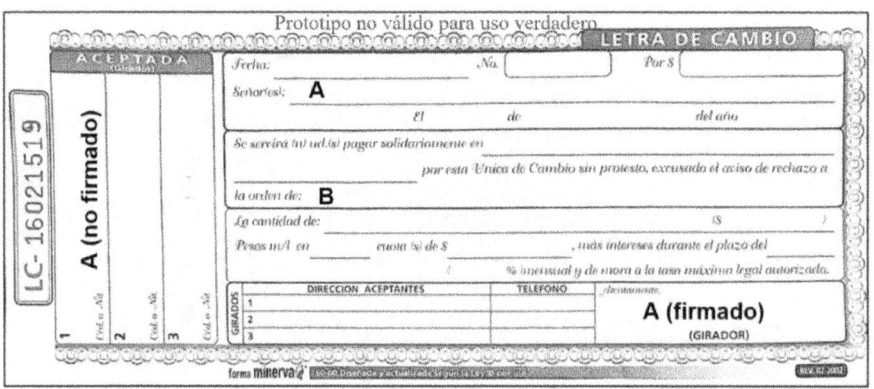

Comentarios:

Como puede observarse, corresponden a letras giradas a cargo del mismo girador (A), quien se da a sí mismo la orden de pagarle una suma determinada a un tercero (B) y que incluyen un espacio para la firma del girado y otro para la firma del girador, pero que sólo tienen firmado el segundo de los aludidos espacios (el destinado a la rúbrica del girador). En una sola frase, son letras a cargo del mismo girador, quien sólo las suscribe como girador, no como girado-aceptante.

135

Son letras de cambio, siempre que, además de la firma del girador (creador de las letras), reúnan el resto de requisitos enunciados en los artículos 621 y 671. (Véanse los comentarios consignados en el numeral 2.8.).

4.9.   A cargo del girador, que sólo firma como girado

Cuando se elaboran del siguiente modo:

136

Prototipo no válido para uso verdadero

LETRA DE CAMBIO

ACEPTADA
(Aceptación)

LC- 16021519

A (firmado)

Fecha: _____ No. _____ Por $ _____

Señores: **A** _____

El _____ de _____ del año _____

Se servirá (n/ ud.(s) pagar solidariamente en _____ por esta Única de Cambio sin protesto, excusado el aviso de rechazo a la orden de: **B** _____

La cantidad de: _____ ($ _____)

Pesos m/l en _____ cuota (s) de $ _____, más intereses durante el plazo del _____ % anmensual y de mora a la tasa máxima legal autorizada.

	DIRECCION ACEPTANTES	TELEFONO	Atentamente,
1			
2			
3			

GRADOS

A (no firmado)
(GIRADOR)

forma minerva REV. 02-2002

Prototipo no válido para uso verdadero

ACEPTADA

A (firmado)

Cédula o Nit.

Cédula o Nit.

Cédula o Nit.

No. _____ **LETRA DE CAMBIO** Por $ _____

Señor(es): **A** _____

El día _____ de _____ de 19 _____

Se Servirá(n) Ud.(s) Pagar Solidariamente en _____ Por esta Única de Cambio sin Protesto Excusado el Aviso de Rechazo y la Presentación para el Pago, a la Orden de **B** _____ La Cantidad de

Pesos M/L, más intereses Durante el Plazo del _____ % de Mora del _____ % Mensuales
Atentamente,

Dirección _____ Tel. _____
Dirección _____ Tel. _____
Dirección _____ Tel. _____

A (no firmado)

Prototipo no válido para uso verdadero

ACEPTADA

A (firmado)

Firma y C.C. / Nit, del Girado

Firma y C.C. / Nit, del Girador

No. _____ **LETRA DE CAMBIO** POR $ _____

Señor(es) **A** _____ el _____ de _____

del 2.0 _____ se servirá (n) Ud. (s) pagar solidaria mente en _____ por esta única de cambio, excusado el protesto, aviso de rechazo y la presentación para el pago, a la orden de: **B** _____

la suma de _____

Pesos M/L, más interés durante el plazo del _____ % y mora del _____ % mensuales

Ciudad _____ **(No firmado)**

Fecha: _____ Tel: _____ Att. y S.S

137

Comentarios:

Igual a como ocurre en el caso del numeral 4.8., se trata de letras giradas a cargo del mismo girador (A) que contienen un espacio para la firma del girado y otro para la firma del girador, pero que sólo tienen firmado el primero de los referidos espacios (el destinado a la firma del girado-aceptante), no el destinado a la firma del girador. Son letras a cargo del mismo girador, quien sólo las suscribe como girado-aceptante, no como girador.

Son letras de cambio por cuanto, aunque no aparezcan suscritas en el espacio destinado a la firma del girador, son en todo caso suscritas por éste, quien es el creador de las letras. (Véanse los comentarios consignados en el numeral 2.9.).

5. TABLA DE RESUMEN

Con el fin de hacer –todavía– más didáctica y pedagógica la exposición, se condensan en la siguiente Tabla de Resumen las hipótesis precitadas (en punto a si la letra firmada, o no, por el girador es letra de cambio). (Aparecen sombreados los casos en que, se estima aquí, el documento no produce efectos de letra de cambio):

138

Estructura de la letra	Es letra de cambio?	Razón de la respuesta
1. A la orden del girador firmada por éste y por el girado Girado: B (firmado)　Girado: B　Beneficiario: A　Girador: A (firmado)	Sí	Presenta la firma del girador, que es el creador del título
2. A la orden del girador, sólo firmada por éste Girado: B (no firmado)　Girado: B　Beneficiario: A　Girador: A (firmado)	"	"
3. A la orden del girador, sólo firmada por el girado Girado: B (firmado)　Girado: B　Beneficiario: A　Girador: A (no firmado)	No	No presenta la firma del girador (creador del título)

4. A la orden de un tercero firmada por el girador y por el girado Girado: B (firmado) / Girado: B / Beneficiario: C / Girador: A (firmado)	Sí	Presenta la firma del girador (creador del título)
5. A la orden de un tercero, sólo firmado por el girador Girado: B (no firmado) / Girado: B / Beneficiario: C / Girador: A (firmado)	Sí	"
6. A la orden de un tercero, sólo firmada por el girado Girado: B (firmado) / Girado: B / Beneficiario: C / Girador: A (no firmado)	No	No presenta la firma del girador (creador del título)

140

7. A cargo del girador y firmada por éste Girado: A (firmado) Girado: A Beneficiario: B Girador: A (firmado)	Sí	Presenta la firma del girador (creador del título)
8. A cargo del girador, que sólo firma como girador Girado: A (no firmado) Girado: A Beneficiario: B Girador: A (firmado)	Sí	"
9. A cargo del girador, que sólo firma como girado Girado: A (firmado) Girado: A Beneficiario: B Girador: A (no firmado)	Sí	"

6. ESTRUCTURAS DE LETRAS EN TORNO A LAS CUALES SE REALIZA
EL ANÁLISIS DE LA CONVERSIÓN

De acuerdo con lo expuesto en los párrafos precedentes, entre las distintas estructuras de las letras están las *giradas **a la orden del girador, o un tercero,** sólo **firmadas por el girado*** (ejemplos propuestos en los numerales 2.3., 2.6., 4.3. y 4.6.). Y es a partir de dichos modelos que se desarrolla aquí el análisis del fenómeno de la conversión.

Otro tipo de letra es aquella en la cual el girador se da a sí mismo (auto-dá) la orden de pago a favor de un tercero y que incluye un espacio para la firma como girador y otro para la firma como girado, pero que sólo es suscrita en el espacio destinado a la firma del girado (ejemplos expuestos en los numerales 2.9.[69] y 4.9.).

Dicho tipo de título, como se dijo antes (numerales 2.9. y 4.9 precitados), es letra de cambio si bien no aparece suscrito en el espacio reservado para la firma del girador, ya que es en todo caso rubricado por éste, que es su creador.

---

69 Ejemplo 3. propuesto por TRUJILLO CALLE en su obra *De Los Títulos Valores*, Tomo I, 16ª edición, Leyer, año 2008, p. 395, a partir de la cual ha venido realizando el análisis del fenómeno de la conversión.

7. FUNDAMENTO DE LA EFICACIA DE LA OBLIGACIÓN CAMBIARIA (BREVE ALUSIÓN)

A efectos de emprender el análisis de si la letra no firmada por el girador, pero sí por el girado, produce o no efectos de título valor, es pertinente precisar que el problema en cuestión se suscita en la práctica cuando el título se encuentra en poder de un tercero distinto del suscriptor (girado), no mientras el instrumento permanezca en manos de éste, pues de ser así sería igual –podría aseverarse– a como si no existiera, ya que nadie podría exigirle al suscriptor el cumplimiento de la obligación (cambiaria) en él incorporada. En tal caso suscriptor-deudor y tenedor se confundirían en una sola persona o sujeto.

En otras palabras, el problema de si la letra sin firma del girador, pero sí del girado, produce o no efectos de pagaré, fluye en la praxis bien sea cuando el acreedor (el girador o el tercero a cuya orden se gira) le entrega al deudor (ordinariamente el girado) un documento con el fin de que se convierta en título valor de contenido crediticio mediante la firma del segundo y su devolución por parte de éste al primero, o bien sea cuando es el deudor (girado) quien entrega firmado el documento al acreedor. En ambos casos es denominador común el decidido propósito de los sujetos intervinientes (acreedor y deudor) de crear un título valor de contenido crediticio con todas las implicaciones jurídicas que le son inherentes, entre ellas la de que sea negociable conforme a su ley

143

de circulación.

En ese escenario podría –perfectamente– ocurrir que en lugar del machote o (pro forma) de letra de cambio firmado por el deudor y entregado (o devuelto) al acreedor, lo recibido por éste fuere más bien la pro forma de un pagaré suscrito por el deudor. Esta sola posibilidad corrobora que la ausencia de firma del girador de la letra suele ser involuntaria. Podría decirse que es habitualmente el resultado de un simple *lapsus* por omisión de escritura, ya que es indudable que de advertir el girador la falta de su rúbrica en la letra procedería entonces a estamparla, o de preverse los riesgos que se correrían ante el olvido de su firma en el susodicho documento, se preferiría seguramente el diligenciamiento de un pagaré. No cabe duda que así lo dispondría el acreedor.

Sobre el punto es pertinente referir que en sentencia de 28 de febrero de 2005, CSJ, C (M. P. Carlos Ignacio JARAMILLO JARAMILLO), se sentó la siguiente doctrina, reiterada en las sentencias de 30 de agosto de 2011, 5 de septiembre de 2011, y 21 de febrero de 2012:

"Adviértase que las partes al celebrar un contrato razonablemente desean, quieren o procuran su eficacia y, por ende, el juez deberá proferir en toda circunstancia la consecuencia relativa a la preservación del mismo, porque, se itera, sería absurdo siquiera suponer la celebración de un contrato para que no produzca efecto alguno cuando las partes, por principio, lo hacen bajo la premisa cardinal de su

144

cumplimiento y eficacia. Por lo mismo, a efectos de asegurar esta finalidad convergente, naturalmente perseguida con el **pactum***, las partes contraen la carga correlativa de evitar causas de ineficacia del negocio jurídico y, el juzgador al interpretarlo y decidir las controversias, procurar dentro de los límites racionales compatibles con el ordenamiento jurídico, su utilidad y eficacia, según corresponde a la* **ratio legis** *de toda conocida ordenación normativa"*[70].

Con lo antes expuesto no se pretende otra cosa que resaltar que lo corriente en una letra no signada por el girador, pero sí por el girado, es que exista en éste la decidida intención de obligarse, y que cuando el girado accede a entregar firmado el documento lo hace con el convencimiento de estar participando en el proceso de creación y emisión de un título valor de contenido crediticio, susceptible –ciertamente– de ser negociado como se negocia un pagaré.

8. MARCO NORMATIVO

En un primer intento por identificar normas que permitan resolver el problema de si la letra no firmada por el girador, pero sí por el girado, produce o no efectos de pagaré, se encuentra –simplemente– que el

---

70 En: *Jurisprudencia y Doctrina*, t. XL, N° 478, octubre de 2011, Bogotá, Legis, p. 1758. También t. XLI, N° 484, abril de 2012, pp. 625 y 626.

artículo 620 del Código de Comercio establece:

"Los documentos y actos a que se refiere este título sólo producirán los efectos en él previstos cuando contengan las menciones y llenen los requisitos que la ley señale, salvo que ella los presuma.

La omisión de tales requisitos no afecta el negocio jurídico que dio origen al documento o al acto".

9. EVOLUCIÓN NORMATIVA

Ahora bien, en punto a la evolución legislativa, el citado fenómeno en el sistema jurídico colombiano se reseña así:

9.1. Código de Comercio Terrestre

El artículo 767 del Código de Comercio Terrestre, de 1887, disponía: *"La letra de cambio en que faltare alguna de las formalidades legales, será considerada como simple pagaré, firmado por el librador a favor del tomador".*

9.2. Ley 46 de 1923

La Ley 46 de 1923 (*Sobre instrumentos negociables*) incluyó varias normas sobre el particular, a saber: los artículos 20 -numeral 5-, 14 y 132, que en su orden disponían:

146

Art. 20.- Cuando los términos del instrumento son ambiguos o hay omisiones en él, se aplicarán las siguientes reglas: (...) 5. Cuando el instrumento es tan ambiguo que no se sabe si tiene el carácter de letra de cambio o pagaré, el tenedor puede considerarlo, a su elección como si fuera letra o pagaré (...).

Art. 14.- No es necesario que el instrumento se acomode textualmente al lenguaje de esta ley. Cualesquiera términos que indiquen claramente la intención de conformarse a sus precisiones son adecuados.

Art. 132.- Cuando en una letra el girador y el girado son la misma persona, o cuando el girado es una persona supuesta o que no tenga capacidad de contratar, el tenedor puede considerar el instrumento a su elección como letra de cambio o pagaré.

9.3.   Proyecto de Código de Comercio de 1958

En idéntico sentido a los artículos 20 –numeral 5–, 14 y 132 de la Ley 46 de 1923, los artículos 1276 –numeral 5–, 1346 y 1422 del Proyecto de Código de Comercio de 1958, en su orden, preceptuaban:

Art. 1276.- Cuando los términos del título sean ambiguos o haya omisiones en él, se aplicarán las siguientes reglas: (...) 5.

Cuando el título sea tan ambiguo que no se sepa si tiene el carácter de una orden o de una promesa, el tenedor podrá considerarlo, a su elección como orden o promesa (....)".

__Art. 1346.-__ No será necesario que el instrumento se acomode textualmente al lenguaje de este Código. Cualesquiera términos que indiquen claramente la intención de conformarse a sus precisiones serán adecuados.

__Art. 1422.-__ Cuando el girador y el girado sean la misma persona, o cuando el girado sea una persona supuesta o que no tenga capacidad de contratar, el tenedor podrá considerar el instrumento a su elección como letra de cambio o como pagaré.

El citado Proyecto de Código de Comercio establecía, además, en el artículo 1347: *"Las libranzas[71] que reúnan los requisitos de un instrumento negociable se sujetarán a las normas de la letra de cambio cuando impliquen una orden, y a las del pagaré negociable cuando impliquen una promesa".*

---

71 Según el *Diccionario de la Lengua Española, de la Real Academia Española,* **libranza** es una *"Orden de pago que se da, ordinariamente por carta, contra uno que tiene fondos a disposición del que la expide, la cual, cuando es a la orden, equivale a la letra de cambio",* Madrid, Editorial Espasa, Calpe, S. A., Vigésima Primera Edición, t. II, letras h/z, p. 1253.

Por su lado, el artículo 2 de la Ley 1527 de 2012 (*Por medio de la cual se establece un marco general para la libranza o descuento directo y se dictan otras disposiciones*), define la *libranza o descuento directo* como la autorización (expresa, escrita e irrevocable, según el artículo 6 ibídem), del asalariado o pensionado, al empleador o entidad pagadora, de descontar el salario o pensión disponibles para que sean girados a favor de una entidad operadora de productos, bienes o servicios adquiridos por el asalariado o pensionado.

9.4. Proyecto Intal

El artículo 2 del Proyecto Intal (Proyecto de Ley Uniforme de Títulos Valores Para América Latina) fue idéntico al artículo 620 del Código de Comercio colombiano, o mejor, éste reprodujo el mismo texto de aquél, razón por la cual se omite la transcripción de la norma Intal.

9.5. Resumen de la evolución normativa

En resumen, el Código de Comercio Terrestre de 1887, en su artículo 767 tipificó como *simple pagaré*, firmado por el librador a favor del tomador, a la letra de cambio en que faltare alguna de las formalidades legales. Luego la Ley 46 de 1923, en su artículo **14**, consagró como adecuados para la elaboración de un instrumento negociable *"cualesquiera términos que indiquen claramente la intención de conformarse a sus precisiones"*. Y de modo específico en su artículo **20, numeral 5,** indicó: *"Cuando el instrumento es tan ambiguo que no se sabe si tiene el carácter de letra de cambio o pagaré, el tenedor puede considerarlo, a su elección como si fuera letra o pagaré"*.

En sentido similar el artículo **132** facultaba al tenedor para considerar, a su elección, como letra de cambio o como pagaré, el instrumento en que el girador y el girado fueren la misma persona, o el instrumento en que el girado fuere una persona supuesta o que no tuviere capacidad de contratar.

149

El mismo espíritu y filosofía consignados en los artículos 20 (numeral 5), 14 y 132 de la Ley 46 de 1923 fueron incorporados, en su orden, en los artículos 1276 (numeral 5), 1346 y 1422 del Proyecto de Código de Comercio de 1958, proyecto que incluyó, además, una norma adicional sobre el particular: el artículo 1347 que dispuso que las libranzas que reunieran los requisitos de un instrumento negociable quedarían sujetas a las normas de la letra de cambio o a las del pagaré negociable, según implicaran una orden o una promesa.

Finalmente, el artículo 620 del Código de Comercio, que reprodujo el mismo texto del artículo 2 del Proyecto Intal, dispuso que los *"documentos y actos tratados en el título del cual hace parte, sólo producirán los efectos en él previstos cuando contengan las menciones y llenen los requisitos que la ley señale, salvo que ella los presuma",* y que *"La omisión de tales requisitos no afecta el negocio jurídico que dio origen al documento o al acto".*

10. Estado de la evolución normativa

De la simple lectura de las normas antes transcritas se colige que la regulación del fenómeno de la *conversión (cambiaria)* de la letra en pagaré ha sido involutiva. Se ha venido desarrollando más en retroceso que en avanzada. Esto habida cuenta que las disposiciones hoy vigentes, concretamente los artículos 620 y 621, numeral 2°, del Código de Comercio, no se ocupan de manera expresa de la conversión de la letra en pagaré (como sí lo hicieron en su momento los artículos 1767 del Código de Comercio Terrestre de 1887, los artículos 20 y 132 de la Ley 46 de 1923, y el artículo 1422 del Proyecto de Código de Comercio de 1958).

Las reglas hoy aplicables (artículos 620 y 621, numeral 2°, del C. Co.) indican que la letra en que falte la firma del girador (creador) no produce efectos de letra de cambio. Sin embargo no es dable decir sin más que al fulgor de los citados artículos la letra sin firma del girador no produce efectos de pagaré o, de otro título valor. Estos efectos negativos no son los sentidos o alcances de las normas en mención.

Por las precitadas razones es preciso establecer si conforme a las fórmulas actualmente vigentes el aludido tipo de letra produce efectos de pagaré o de otro título valor.

Lo primero que hay que señalar al respecto, en respuesta al citado interrogante, es que la posición de la doctrina más autorizada sobre la materia es paradójicamente divergente, según pasa a observarse.

11. POSICIÓN DE LA DOCTRINA

Sin restarle méritos a otros estudiosos de la temática, existen en Colombia dos connotados juristas que han tenido la ocasión de ocuparse del fenómeno en cuestión y que han construido sendas y encontradas tesis acerca del mismo. Casi que sobra decir, por lo menos entre abogados dedicados al estudio del derecho comercial, que los citados jurisconsultos son Bernardo TRUJILLO CALLE y Gilberto PEÑA CASTRILLÓN. El primero defiende la tesis de la conversión de la letra en pagaré, en tanto que el segundo propende por la tesis contraria.

Para mejor precisión, se reseñan a continuación las tesis en mención.

11.1. Tesis de la conversión de la letra en pagaré

La tesis de la conversión de la letra en pagaré es pregonada por TRUJILLO CALLE, quien, luego de acoger, en su sentido más amplio, el fenómeno de la *conversión jurídica* (ya reseñado) y de advertir que *"la única hipótesis que admite la conversión cuando faltan requisitos esenciales, es la letra que se gira al propio cargo sin la firma del girador. Ninguna otra"*[72] (hipótesis a partir de la cual desarrolla en la actualidad su teoría de la conversión del título), sostiene que en dicho tipo de letra *"hay un pagaré, bien porque haya nacido, es decir, que se haya creado al reunirse todos los elementos esenciales, o bien, porque la conversión haya operado"*[73]. El nombrado autor asevera, además, que como la firma de aceptante implica la promesa de pago, *"si en*

---

72 TRUJILLO CALLE, Bernardo, *De los Títulos Valores, Parte General*, Op. Cit., p. 454.

73 Ibíd., p. 456.

152

una fallida letra por falta de girador, quien ha sido señalado como girado, estampa su firma, está diciendo: 'acepto pagar', o lo que es lo mismo: 'pagaré a la orden de ...', 'prometo pagar a la orden de ...', 'acepto pagar a la orden de ...', 'pagaré a la orden de ...', que son fórmulas rituales y literales del pagaré"[74].

11.2. Tesis que niega la conversión de la letra en pagaré

La tesis que niega la conversión de la letra en pagaré es defendida por Gilberto PEÑA CASTRILLÓN. Comienza por memorar que TRUJILLO CALLE resume su tesis así: *"En la ocurrencia de una letra en donde girador y girado son personas distintas, pero no se produjo la firma del girador: No habrá letra, en verdad, pero es indiscutible que (B), al aceptar, se está obligando a (C) y habrá entonces necesidad de recurrir a la teoría de la conversión proclamada en el art. 904 para extraerle toda su esencia"*[75]. (Disertación extractada de la obra *De los Títulos Valores*, de autoría de Bernardo TRUJILLO CALLE, 4ª ed., Medellín, Bedout, 1981, pp. 345 y 346). (En la actualidad, como se dijo antes, TRUJILLO CALLE sustenta su teoría de la Conversión del Título a partir de la observación, ya reseñada, de que *"la única hipótesis que admite la conversión cuando faltan requisitos esenciales, es la letra que se gira al propio cargo sin la firma del girador. Ninguna otra"*)[76].

---

74 Ibíd., p. 458.

75 PEÑA CASTRILLÓN, Gilberto, *Algunas Falacias Interpretativas de los Títulos Valores*, Monografías Jurídicas, núm. 47, Bogotá, Temis, 1985, p. 33.

76 Véase TRUJILLO CALLE, Bernardo, *De los Títulos Valores, Parte General*, 16ª ed., Bogotá, Leyer, 2008, p. 394. Y también ediciones posteriores de la misma obra, p. ej., TRUJILLO CALLE, Bernardo, *De los Títulos Valores, Parte General*, 19ª ed.,

Líneas más adelante, Peña Castrillón sostiene que el caso planteado por Trujillo Calle no es pagaré. Asevera que no lo es por no contener una promesa incondicional de pagar una suma de dinero y porque *"La firma del girado-aceptante no es firma del girador, creador del título. Y en el caso que nos ocupa, ese aceptante no expresa unilateralmente una voluntad que promete pagar, sino que extiende su declaración de voluntad –simplificada en el acto de firmar– en un documento que no se origina en él, sino que le llega incompleto, anómalo, de manos de un 'creador'que no lo firmó"*[77].

12. Posición de la jurisprudencia

La jurisprudencia sobre la materia no ha sido pacífica, sino más bien ambivalente. Una compilación de extractos de sentencias de distintos tribunales superiores de distrito judicial, proferidas entre los años 1973 y 1986, se encuentra condensada en la obra *La Letra de Cambio sin Firma del Girador*, editada en el año 1990 por la Cámara de Comercio de Bogotá en convenio con el Colegio Mayor de Nuestra Señora del Rosario.

En la citada obra se evidencia que las posiciones adoptadas en las aludidas sentencias, que básicamente oscilan entre aceptarle

---

Bogotá, D. C. Leyer, 2015, p. 454.

77 Ibíd., p. 35.

y negarle el carácter de título valor a la letra no firmada por el girador, pero sí por el girado, y entre admitir y negar el fenómeno de la conversión (en pagaré) del mencionado tipo de letra, se caracterizan por ser intermitentes en el tiempo, incluso en el seno de un mismo Tribunal Superior. Tal es el caso del Tribunal Superior de Medellín, que en sentencia de 6 de marzo de 1984 indicó que no era título valor el documento sin firma del girador[78], pero posteriormente, en sentencia de 6 de diciembre del mismo año, en la cual aceptó el fenómeno de la conversión, precisó: *"La mayoría de la Sala no ve efecto jurídico o práctico adverso para el comercio en que un pagaré esté redactado como letra (por un solo creador), aunque el rigor académico lo descalifique como tal"*[79]. Y luego, en sentencia de 25 de agosto de 1985, retornando a la posición acogida en la sentencia de 6 de marzo de 1984, puntualizó que la falta de firma del creador de la letra *"es bastante para sostener la sanción de ineficacia, conforme a lo prescrito por el artículo 620 en armonía con el artículo 897 del Código de Comercio"*[80].

Es claro entonces que la jurisprudencia ha sido vacilante en torno a si la letra no firmada por el girador, pero sí por el girado, se convierte o no en pagaré.

---

78 *Informativo en Jurisprudencia y Doctrinas sobre Títulos Valores, La Letra de Cambio sin Firma del Girador,* Cámara de Comercio de Bogotá - Colegio Mayor de Nuestra Señora del Rosario, 1990, pp. 21 y 22.

79 Ibíd., p. 24.

80 Ibíd., p. 19. En el mismo sentido la sentencia de 7 de febrero de 1986, citada en el mismo informativo, pp. 19 y 20.

13. Sentencia STC4164-2019. La letra firmada por el girado como aceptante es letra de cambio

En sentencia de tutela STC4164 de 2 de abril de 2019 (M. P. Ariel Salazar Ramírez), la CSJ, SC, precisó:

> *"(...) tal cual lo autoriza el artículo 676 del Código de Comercio (...) 'la letra de cambio **puede girarse a la orden o a cargo del mismo girador**', a lo que 'en **este último caso, el girador quedará obligado como aceptante**'* (resaltado de la Corte).

> *Lo precedente significa que en todos los casos en que la letra de cambio carezca de la firma del acreedor como creador, no es jurídicamente admisible considerar inexistente o afectado de ineficacia el título-valor, cuando el deudor ha suscrito el instrumento únicamente como aceptante, porque de conformidad con el precepto antes citado, debe suponerse que hizo las veces de girador, y en ese orden, la imposición de su firma le adscribe dos calidades: la de aceptante - girado y la de girador – creador".*

Con sustento en lo expuesto, a renglón seguido agregó:

> *"4. Las anteriores premisas bastan para comprender, contra lo considerado en la sentencia, que cuando el deudor Fernando Raúl Castro Jiménez suscribió la letra de cambio en el margen izquierdo del título bajo la expresión "ACEPTADA", se dio a sí*

mismo una orden de pago, obligación de carácter crediticio que debía satisfacer a favor del beneficiario del instrumento cambiario, cuyo nombre se consignó expresamente a continuación del mandato impuesto, siendo éste quien promovió en contra del primero el proceso de ejecución y accionante en este trámite constitucional. La situación descrita se enmarca dentro de lo normado por el artículo 676 de la codificación mercantil respecto del giro de la letra de cambio "a cargo del mismo girador", caso en el cual, según este precepto, "el girador quedará obligado como aceptante", de ahí que al considerar la accionada que al documento aportado como base del recaudo le faltaba un requisito de su esencia -la firma de quien lo creó-, incurrió en evidente defecto sustantivo con el cual transgredió las garantías superiores de la parte ejecutante, pues, bajo una errada interpretación de las normas que debían orientar la solución del litigio, desconoció que en la persona del ejecutado convergieron, de un lado, la calidad de girado, y de otro, la de girador, con lo cual pasó a ser el sujeto emisor de la orden incondicional de pagar una suma determinada de dinero, condición que identifica al creador del título-valor.

De allí que fuera absolutamente innecesario, como con notoria equivocación lo sostuvo en la providencia reprochada ante esta sede, que adicional a signar la letra en el espacio de "aceptación", el deudor lo hiciera también a continuación de la expresión "Atentamente:" y encima de la línea que debajo contenía la palabra "Girador" [Folio 4, cno. 1 proceso de ejecución]".

157

Como puede observarse, dicho fallo es categórico al señalar que con arreglo al artículo 676 del C. Co. (que reza *"La letra de cambio puede girarse a la orden o a cargo del mismo girador. En este último caso el girador quedará obligado como aceptante"*), si en la letra se omite la firma del acreedor como creador, mas es suscrita por el deudor como aceptante, *"debe suponerse"* que éste *"hizo las veces de girador"* y que la implantación de su firma le adscribe la doble calidad de creador-aceptante o girador-girado.

Bien podría decirse que al entender de la alta Corporación de Justicia, en la letra no firmada por el girador, pero sí por el girado, se produce una especie de transposición o desdoblamiento del girado-firmante, ya que en tal caso este hace las veces de girador.

Podría afirmarse también que la referida solución resuelve de tajo el problema de si la letra no suscrita por el girador pero sí por el girado produce o no efectos de título valor, pues, según la sentencia citada, el aludido tipo de instrumento es letra de cambio (en particular si el girado firma como aceptante), con lo cual se haría innecesario, además, examinar si produce o no efectos de pagaré.

No obstante y con el respeto que se merece la CSJ, SC (como máxima autoridad jurisdiccional en materias civiles y comerciales, entre otras), tal solución se enfrenta a escollos como las siguientes, que incitan a revisarla:

1). Se trata de una sentencia proferida en sede de tutela, que como se sabe sólo surte efectos *inter partes*[81].

2). Parte de un supuesto fáctico de por sí discutible (en cuanto no está contemplado de manera expresa en la norma): que si el deudor (girado) suscribe como aceptante la letra en que falta la firma del creador –que lo es siempre el girador–, debe tenérsele como girador.

A propósito, acerca de la discordancia de la situación fáctica (y otras), que constituyen causales de desatención del precedente judicial vinculante, la Corte Constitucional, en sentencia SU 354 de 2017, precisó que es posible desligarse de la jurisprudencia imperante *"mediante un proceso expreso de contra-argumentación que explique las razones del apartamiento, bien por: (i) ausencia de identidad fáctica, que impide aplicar el precedente al caso concreto; (ii) desacuerdo con las interpretaciones normativas realizadas en la decisión precedente; (iii) discrepancia con la regla de derecho que constituye la línea jurisprudencial (...)"*[82].

3). Auscultado el sentido de las disposiciones que disciplinan la materia con sujeción a los métodos tradicionales de interpretación, se constata –según se verá– que arrojan alcances diferentes al fijado en la sentencia STC4164 de 2 de abril de 2019 precitada.

---

[81] Sobre los efectos *inter partes* (y también sobre los efectos *inter comunis*) de las sentencias de tutela, versa el Auto 273 de 21 de nov. de 2013 de la Corte Constitucional (M. P. Jorge Ignacio PRETELT CHALJUB).

[82] Sentencia C-621 de 2015.

En todo caso, y con independencia de lo anterior, nada obsta para continuar explorando –como se intenta aquí– en búsqueda de si la susodicha clase de letra produce o no efectos de pagaré (u otro tipo de efectos) en el ordenamiento jurídico.

14. Solución del asunto a la luz de los métodos tradicionales de interpretación jurídica

Es preciso entonces acometer el análisis de si la letra no firmada por el girador, pero sí por el girado, se convierte o no en pagaré. Ello a la luz de los métodos, o elementos, o reglas, o criterios, etc., más comunes (o corrientes, o tradicionales) de interpretación jurídica, no sin antes registrar algunas consideraciones preliminares, que se estiman útiles para la mejor comprensión de los mismos:

14.1. Enunciación de los métodos o criterios tradicionales de interpretación y directrices a observar

1). Los métodos o criterios tradicionales de interpretación jurídica son: el *literal* o *gramatical* (consagrado en el inciso 1° del artículo 27 del Código Civil)[83], el *lógico* (dispuesto en la primera parte del inciso 2° del susodicho artículo 27)[84], el *histórico* (inmerso en la

---

83 **C.C. Art. 27.- Inc. 1°.-** *"Cuando es sentido de la ley sea claro, no se desatenderá su tenor literal a pretexto de consultar su espíritu".*

84 **C.C. Art. 27.- Inc. 2°.-** *"Pero bien se puede, para interpretar una disposición oscura*

segunda parte del inciso 2° del mismo artículo)[85], el *sistemático* (consignado en el artículo 30)[86], y el *teleológico o finalista* (referido en el artículo 32)[87].

2). La aplicación de los mismos tiende a ser progresiva y secuencial –y no necesariamente incompatible–, ya que se estila acudir a uno subsiguiente cuando el o los que le preceden resultan insuficientes para dirimir el caso concreto o problema jurídico a resolver. Así, por ejemplo, se suele acudir al método *lógico* cuando el literal no es idóneo; o al *histórico* cuando el literal y el lógico se reflejan inapropiados; o al *sistemático* cuando el literal, el lógico y el histórico no se ajustan a la cuestión por decidir; o al *teleológico* cuando los antes mencionados no son satisfactorios.

3). Todo lo anterior sin perder de vista que, como bien lo anotan UPRIMNY YEPES y RODRÍGUEZ VILLABONA, *"cada uno de los criterios establece una serie de reglas fijas que permitirán, al final, llegar a una*

---

de la ley, recurrir a su intención o espíritu, claramente manifestado en ella misma (...)".

85 **C.C. Art. 27.- Inc. 2°.-** *"Pero bien se puede, para interpretar una disposición oscura de la ley, recurrir a su intención o espíritu (...) manifestado en la historia fidedigna de su establecimiento".*

86 **C.C. Art. 30.-** *"El contexto de la ley servirá para ilustrar el sentido de cada una de sus partes, de manera que haya entre todas ellas la debida correspondencia y armonía.*

Los pasajes oscuros de una ley pueden ser ilustrados por medio de otras leyes, particularmente si versan sobre el mismo asunto".

87 **C.C. Art. 32.-** *"En los casos a que no pudieren aplicarse las reglas de interpretación anteriores, se interpretarán los pasajes oscuros o contradictorios del modo que más conforme parezca al espíritu general de la legislación y a la equidad natural".*

interpretación correcta"[88].

4). En el empleo de los memorados métodos de interpretación, han de observarse –y acatarse– en todo momento las directrices trazadas en los artículos 28 (sobre sentidos *natural, obvio, y legal* de las palabras), 29 (sobre sentido *técnico* de las palabras), y 31 (sobre *extensión de la interpretación*) del Código Civil.   Tales normas establecen, respectivamente:

Art. 28. C. C.- *"Las palabras de la ley se entenderán en su sentido natural y obvio, según el uso general de las mismas palabras; pero cuando el legislador las haya definido expresamente para ciertas materias, se les dará en éstas su significado legal".*

Art. 29. C. C.- *"Las palabras técnicas de toda ciencia o arte se tomarán en el sentido que les den los que profesan la misma ciencia o arte; a menos que aparezca claramente que se han tomado en sentido diverso".*

Art. 31. C. C.- *"Lo favorable u odioso de una disposición no se tomará en cuenta para ampliar o restringir su interpretación. La extensión que deba darse a toda ley se determinará por su*

---

88 UPRIMNY YEPES, Rodrigo, y RODRÍGUEZ VILLABONA, Andrés Abel, *Interpretación Judicial, Módulo de Autoformación*, Consejo Superior de la Judicatura, Sala Administrativa, Escuela Judicial Rodrigo Lara Bonilla, y Universidad Nacional de Colombia, Bogotá, Imprenta Nacional de Colombia, 2ª edición, 2008, p. 241.

genuino sentido, y según las reglas de interpretación precedentes".

5). Los aludidos sentidos *natural, obvio, legal, o técnico* de las palabras, lo mismo que la *extensión o delimitación de la interpretación*, no riñen con el método o criterio aplicable. Para mejor decirlo, uno es el sentido de las palabras; otro el método, regla o criterio de interpretación jurídica; y otra la extensión o delimitación de la interpretación realizada.

En ese orden de ideas, tanto la interpretación literal o gramatical, como la lógica, la histórica, la sistemática, y la teleológica o finalista, pueden resultar holgadas o ceñidas según lo indique el fidedigno sentido de la disposición legal a interpretar. Es lo que prevé el segundo enunciado del artículo 31 ya transcrito (*"La extensión que deba darse a toda ley se determinará por su genuino sentido, y según las reglas de interpretación precedentes"*).

En otras palabras y de acuerdo con el segundo enunciado del artículo 31 del Código Civil, la extensión que deba darse a *toda ley* se determina por su genuino sentido y con sujeción a *las reglas de interpretación que le anteceden*, que, conforme se señaló, aluden a los criterios de interpretación literal o gramatical (inciso 1° del artículo 27), lógico (primera parte del inciso 2° del mismo artículo 27), histórico (segunda parte del inciso 2° del pluricitado artículo), y sistemático (artículo 30). Incluso al *teleológico o finalista* (artículo 32). A este último por cuanto si bien aparece apenas referido en

163

norma subsiguiente y por ende posterior respecto del artículo 31, le son también aplicables las reglas contenidas en éste, al igual que las consignadas en los artículos 28 y 29, habida cuenta que resultan compatibles con dicho criterio de interpretación (el teleológico o finalista), que, como se anotó, bien puede —así como en los demás criterios o métodos de interpretación— devenir amplio o restringido según lo requiera el propio o genuino sentido de la norma a elucidar.

En la anterior forma y en el citado contexto, hubiera sido lo ideal —mas no ocurrió así— que los preceptos contenidos en los artículos 30 y 32 del Código Civil, concernientes a los métodos de interpretación sistemático y teleológico o finalista, respectivamente, quedasen dispuestos a continuación del consignado en el artículo 27 y —por consiguiente— antes de las reglas de que tratan los artículos 28, 29 y 31, que, se itera, fijan directrices concretas acerca de los sentidos natural, obvio, legal y técnico de las palabras, así como sobre la extensión de la interpretación (cualquiera sea el método que se aplique).

14.2. Obligatoria observancia del precedente judicial vinculante

Una regla muy importante (de creación jurisprudencial-constitucional) es la inherente a la obligatoria observancia del precedente judicial vinculante, tanto el horizontal (de la misma autoridad judicial e incluso de autoridades judiciales del mismo nivel), como el vertical (de autoridades judiciales de superior jerarquía).

Al respecto la Corte Constitucional, en sentencia SU 354 de 2017 (M. P. Iván Humberto Escrucería Mayolo), precisó:

"3.1. Según lo consagrado en los artículos 234, 237 y 241 de la Constitución Política, la Corte Suprema de Justicia y el Consejo de Estado, como tribunales de cierre de las jurisdicciones ordinaria y contencioso administrativa, al igual que la Corte Constitucional, como órgano encargado de salvaguardar la supremacía e integridad de la Carta, tienen el deber de unificar la jurisprudencia al interior de sus jurisdicciones, de tal manera que los pronunciamientos por ellas emitidos se conviertan en precedente judicial de obligatorio cumplimiento.

En reiteradas oportunidades, esta Corporación ha definido el precedente judicial como "la sentencia o el conjunto de ellas, anteriores a un caso determinado, que por su pertinencia y semejanza en los problemas jurídicos resueltos, debe necesariamente considerarse por las autoridades judiciales al momento de emitir un fallo"[89]. Asimismo, la doctrina lo ha definido como el mecanismo jurisdiccional que tiene su origen en el principio stare decisis o estar a lo decidido, el cual consiste en la aplicación de criterios adoptados en decisiones anteriores a casos que se presenten en situaciones posteriores y con

---

[89] Sentencia SU-053 de 2015.

circunstancias similares[90].

Bajo ese entendido y de acuerdo a la autoridad que emitió el pronunciamiento, se puede clasificar el precedente en dos categorías: (i) el precedente horizontal, el cual hace referencia a las decisiones proferidas por autoridades del mismo nivel jerárquico o, incluso, por el mismo funcionario; y (ii) el precedente vertical, que se refiere a las decisiones adoptadas por el superior jerárquico o la autoridad encargada de unificar la jurisprudencia[91]. *El precedente horizontal tiene fuerza vinculante, atendiendo no solo a los principios de buena fe, seguridad jurídica y confianza legítima*[92], *sino al derecho a la igualdad que rige en nuestra Constitución. Asimismo, el precedente vertical, al provenir de la autoridad encargada de unificar la jurisprudencia dentro de cada una de las jurisdicciones, limita la autonomía judicial del juez, en tanto debe respetar la postura del superior, ya sea de las altas cortes o de los tribunales.*

3.2.Desde sus primeros pronunciamientos, la Corte Constitucional ha reconocido el valor del precedente judicial de la ratio decidendi de sus decisiones, tanto en materia de

---

[90] *"El Precedente Constitucional teoría y praxis"*, Editorial Ibáñez S.A.S, 2013. Definición citada en la sentencia T-460 de 2016.

[91] Sentencia T-460 de 2016.

[92] Sentencia T-049 de 2007.

constitucionalidad como en materia de tutela[93].

En la sentencia C-104 de 1993 manifestó que las decisiones de la Corte Constitucional tienen naturaleza erga omnes y, además, no constituyen un criterio auxiliar de interpretación sino que "la jurisprudencia constitucional tiene fuerza de cosa juzgada constitucional -art. 243 CP-, de suerte que obliga hacia el futuro para efectos de la expedición o su aplicación ulterior".

En sede de tutela, esta Corporación también se refirió a este asunto en la sentencia T-260 de 1995, oportunidad en la que sostuvo lo siguiente:

"Es verdad que, como esta Corporación lo ha sostenido repetidamente, uno de los principios de la administración de justicia es el de la autonomía funcional del juez, en el ámbito de sus propias competencias (Cfr. Corte Constitucional. Sala Plena. Sentencia C-543 del 1 de octubre de 1992), pero ella no se confunde con la arbitrariedad del fallador para aplicar los preceptos constitucionales. Si bien la jurisprudencia no es obligatoria (artículo 230 de la Constitución Política), las pautas doctrinales trazadas por esta Corte, que tiene a su cargo la guarda de la integridad y supremacía de la Carta Política, indican a todos los jueces el sentido y los alcances de la

---

[93] Las consideraciones generales sobre el precedente judicial obligatorio que se referenciarán en este aparte se sustentan en la base argumentativa y jurisprudencial de la sentencia C-621 de 2015.

normatividad fundamental y a ellas deben atenerse. Cuando la ignoran o contrarían, no se apartan simplemente de una jurisprudencia -como podría ser la penal, la civil o la contencioso administrativa- sino que violan la Constitución, en cuanto la aplican de manera contraria a aquélla en que ha sido entendida por el juez de constitucionalidad a través de la doctrina constitucional que le corresponde fijar"[94].

Más adelante, la Corte señaló que las autoridades públicas, tanto administrativas como judiciales, están obligadas a acatar los precedentes que fije la Corte Constitucional[95]. *De igual forma, precisó que si bien es cierto que la tutela no tiene efectos más allá del caso objeto de controversia, la ratio decidendi constituye un precedente de obligatorio cumplimiento para las autoridades públicas, "ya que además de ser el fundamento normativo de la decisión judicial, define, frente a una situación fáctica determinada, la correcta interpretación y, por ende, la correcta aplicación de una norma"*[96].

(...)

3.3.Lo dicho previamente no conlleva necesariamente a que en

---

[94] Reiterada en la sentencia T-715 de 1997.

[95] Sentencia C-539 de 2011.

[96] Sentencia T-439 de 2000.

todos los casos los jueces deban acogerse al precedente judicial. Existen ciertos eventos en los que la autoridad puede desligarse del mismo, siempre que argumente de manera rigurosa y clara las razones por las cuales procede de ese modo.

Este Tribunal explicó que el apartamiento judicial del precedente es la potestad de los jueces de distanciarse de la jurisprudencia de los órganos jurisdiccionales de cierre, como expresión de la autonomía judicial constitucional[97]. (...) Sobre el particular expuso:

"Según lo establecido en su larga jurisprudencia por este tribunal, una vez identificada la jurisprudencia aplicable al caso, la autoridad judicial sólo puede apartarse de la misma mediante un proceso expreso de contra-argumentación que explique las razones del apartamiento, bien por: (i) ausencia de identidad fáctica, que impide aplicar el precedente al caso concreto; (ii) desacuerdo con las interpretaciones normativas realizadas en la decisión precedente; (iii) discrepancia con la regla de derecho que constituye la línea jurisprudencial. De este modo, la posibilidad de apartamiento del precedente emanado de las corporaciones judiciales de cierre de las respectivas jurisdicciones supone, en primer término, un deber de reconocimiento del mismo y, adicionalmente, de explicitación de

---

[97] Sentencia T-309 de 2015.

las razones de su desconsideración en el caso que se juzga"[98].

15. EVOLUCIÓN DE LOS MÉTODOS TRADICIONALES DE INTERPRETACIÓN JURÍDICA

Los referidos métodos o criterios de interpretación jurídica se decantaron, principalmente, en el siglo XIX. Los primeros cuatro (el gramatical o literal, el lógico, el histórico y el sistemático), a instancias del jurisconsulto alemán Friedrich Karl VON SAVIGNY (1779 – 1861), en tanto que el quinto (el teleológico o finalista), fue promovido por el jurista (también alemán) Rudolf VON IHERING (1818 – 1892), quien consideraba que los métodos de SAVIGNY se tornaban *excesivamente conceptualistas y formalistas*, aunque –preciso es agregar– según UPRIMNY YEPES y RODRÍGUEZ VILLABONA[99], habría sido SAVIGNY quien propuso de manera implícita el criterio teleológico o finalista, entre otros. Al respecto UPRIMNY YEPES y RODRÍGUEZ VILLABONA comentan:

"(...) Savigny [por una parte] *llega a aceptar, con precaución y reservas, la invocación del motivo de la ley y, por la otra, asegura que los principios contenidos en los cuatro elementos de la interpretación que habría propuesto son suficientes para la interpretación de las leyes en su estado normal, pero que es*

---

[98] Sentencia C-621 de 2015.
99 UPRIMNY YEPES, Rodrigo, y RODRÍGUEZ VILLABONA, Andrés Abel, Op. Cit., p. 258.

necesario acudir a otros medios en caso de leyes defectuosas,
entre los cuales está el de los motivos o fin de la ley"[100].

Fue la época en que imperó la denominada *jurisprudencia mecánica o conceptualista,* llamada también *deductiva o formalista*[101].

16. ALUSIÓN AL SURGIMIENTO DE LAS NUEVAS VERTIENTES DE INTERPRETACIÓN JURÍDICA

En el marco de los métodos tradicionales de interpretación jurídica, cobran cada vez mayor vigor, particularmente en el escenario de la interpretación constitucional, los métodos o criterios sistemático y teleológico. Este último por ser el que mejor se amolda al contexto social, económico, político, cultural, etc., vigente al momento de resolver el caso concreto correspondiente, al punto que, con fundamento en el método teleológico o finalista, se estima que es natural que las normas jurídicas evidencien *"textura abierta".* Esta condición redunda en el surgimiento de nuevas y variadas vertientes

---

100 Ídem.

101 Véase: *Hermenéutica Jurídica, Curso de Capacitación para Jueces de la República*, Ministerio de Justicia, Escuela Judicial Rodrigo Lara Bonilla, Bogotá, Imprenta Nacional de Colombia, 1988, pp. 190. Véase también: UPRIMNY YEPES, Rodrigo, *Estado Social de Derecho y Decisión Judicial Correcta: Un Intento de Recapitulación de los Grandes Modelos de Interpretación Jurídica*, en *Hermenéutica Jurídica, Homenaje al Maestro Darío Echandía*, Bogotá, Ediciones Rosaristas, Universidad del Rosario, 1997, pp. 115 y 121 y ss.

de interpretación jurídica, originadas en condignas doctrinas filosóficas, bien sea de tendencia extrema, como *el activismo judicial, la escuela del derecho libre* y *el realismo jurídico*[102]; o bien sea intermedias, como el *positivismo normativista* (difundido por KELSEN y HART)[103], *la tópica* (impulsada por THEODOR VIEHWEG), y *la argumentativa* (fomentada por CHAIM PERELMAN)[104].

17. NUEVAS VERTIENTES DE INTERPRETACIÓN JURÍDICA

En procura de brindar un mejor orden didáctico, se esbozan de manera somera las siguientes nuevas vertientes de interpretación jurídica:

1). La *"escuela científica"*[105,] que estima insuficiente la ley para

---

102 Véase: UPRIMNY YEPES, Rodrigo, *Estado Social de Derecho y Decisión Judicial Correcta*, Op. Cit. pp. 121, 122 y 132 y ss. Véase también: *Hermenéutica Jurídica, Curso de Capacitación para Jueces de la República*, Ministerio de Justicia, Escuela Judicial Rodrigo Lara Bonilla, Imprenta Nacional de Colombia, Op. Cit., pp. 191 y 192.

103 Ibíd., pp. 135 a 140.

104 Ibíd., pp. 140 a 143.

105 GENY, Francois, *Método de Interpretación y Fuentes en Derecho Privado Positivo*, Editorial Reus, 2ª ed., Madrid, 1925, pp. 229 y ss., citado en: *Hermenéutica Jurídica, Curso de Capacitación para Jueces de la República*, Ministerio de Justicia, Escuela Judicial Rodrigo Lara Bonilla, Imprenta Nacional de Colombia, Op. Cit., pp. 184 a 186. Citado también por LÓPEZ MEDINA, Diego Eduardo, *Interpretación Constitucional*, Consejo Superior de la Judicatura, Sala Administrativa, Escuela Judicial Rodrigo Lara Bonilla, y Universidad Nacional de Colombia Unilibros, 2ª edición, Bogotá, 2006, p. 19.

guiar al juez, quien tiene, por tanto, el deber de realizar una *"libre investigación científica"*;

2). La *"jurisprudencia de intereses"* o *"teoría del conflicto"*[106], que, como su nombre lo indica, considera el derecho como *"protección de intereses"*[107];

3). La *"interpretación consecuencialista"*, basada en razones finalistas (que promueven un estado de cosas que se considera valioso) y en razones de corrección (que propenden porque la decisión sea correcta o buena en sí misma sin tener en cuenta ningún otro objetivo ulterior)[108];

4). La *"jurisprudencia del derecho libre"*[109], que exhorta al juez a

---

106 HECK, Philip, *El Problema de la Creación del derecho*, Comares, Granada, 1999, y ALEXY Robert, *Teoría de los Derechos Fundamentales*, CEC, Madrid, 1997, pp. 33 y 43 a 46, citados por LÓPEZ MEDINA, Diego Eduardo, Op. Cit., pp. 19, 55 y 56. Véase también: UPRIMNY YEPES, Rodrigo, *Estado Social de Derecho y Decisión Judicial Correcta,* Op. Cit., pp. 133. Véase también *Hermenéutica Jurídica, Curso de Capacitación para Jueces de la República*, Ministerio de Justicia, Escuela Judicial Rodrigo Lara Bonilla, Op. Cit., pp. 188 a 190.

107 Véase: UPRIMNY YEPES, Rodrigo, y RODRÍGUEZ VILLABONA, Andrés Abel, Op. Cit., p. 263.

108 MACCORMICK, Neil, *On Legal Decisión and their Consequences:* from Dewey to Dworkin, en New York University Law Review, 1883, vol. 58, N° 2, pp. 239-258, y ATIENZA Manuel, *Las razones del Derecho: teorías de la argumentación jurídica*, Madrid, Centro de Estudios Constitucionales, 1997, p. 150, citados por UPRIMNY YEPES, Rodrigo, y RODRÍGUEZ VILLABONA, Andrés Abel, Op. Cit., pp. 273 y 274. Véase también UPRIMNY YEPES, Rodrigo, *Estado Social de Derecho y Decisión Judicial Correcta,* Op. Cit., pp. 126 y ss.

109 KANTOROWICZ, Hermaan, *La Lucha por la Ciencia del Derecho*, Trad. por Goldshmidt, incluido en el libro *La Ciencia del Derecho*, Editorial Losada, Buenos Aires, Editorial Losada, 1949, citado por GONZÁLEZ JARAMILLO, Diana, y URIBE

que busque de manera autónoma el derecho creado por la sociedad y sin sentirse atado por las exigencias del ordenamiento legal.

5). El *"iusnaturalismo tradicional y teleológico"*, que pregona la existencia del derecho natural entendido como el *"conjunto de principios de la razón práctica que gobiernan la vida del hombre y de la comunidad. Estos principios derivan de ciertos bienes básicos que se justifican por sí mismos "*[110];

6). El *"positivismo escéptico "*[111], a la luz del cual es esencial que la norma jurídica sea válida, lo que se logra cuando es creada con sujeción a una norma superior, que ha de ser también válida y creada de igual manera con arreglo a otra norma válida de mayor jerarquía. Y así sucesivamente, formando una especie de pirámide (en la cual

---

RAMÍREZ, Andrés, *Introducción al Derecho, Teoría General*, Pereira, Prixma Editores, 2004, p. 298. Citado también por RECASENS SICHES, Luis, *Nueva Filosofía de la Interpretación del Derecho*, Fondo de Cultura Económico, México, 1956, p. 58. Citado a su vez en la obra *Hermenéutica Jurídica, Curso de Capacitación para Jueces de la República*, Ministerio de Justicia, Escuela Judicial Rodrigo Lara Bonilla, Op. Cit., pp. 186 a 188. También EHRLICH, Eugen, *Fundamental Principles of the Sociology of Law*, Harvard, Cambridge, 1936, citado por LÓPEZ MEDINA, Diego Eduardo, Op. Cit., pp. 19.

110 FINNIS, John Mitchell, *La Ley Natural y los Derechos Naturales,* Buenos Aires, Abeledo-Perrot, para quien esos bienes básicos –cosas que son buenas para la existencia humana–, son intrínsecamente valiosos, se encuentran todos en el mismo nivel de importancia y sin ellos el hombre no alcanzaría su máxima plenitud y desarrollo. Citado por BONORINO, Pablo Raúl, y PEÑA AYAZO, Jairo Iván, *Filosofía del Derecho,* Consejo Superior de la Judicatura, Sala Administrativa, Escuela Judicial Rodrigo Lara Bonilla, y Universidad Nacional de Colombia, Bogotá, Imprenta Nacional de Colombia, 2ª edición, 2008, p. 36.

111 KELSEN, Hans, *Teoría Pura del Derecho*, México, UNAM. Citado por BONORINO, Pablo Raúl, y PEÑA AYAZO, Jairo Iván, Op. Cit., pp. 42 a 46.

ninguna norma de rango inferior puede contrariar otra de rango superior), hasta llegar a una *norma fundante básica* (presupuesta por todo aquel que adopta una perspectiva jurídica)[112], de la cual se deriva la validez de la primera constitución histórica y, en consecuencia, del ordenamiento jurídico;

7). El *"positivismo suave o moderado"*, denominado también *"metodológico"*[113], que sostiene que las normas jurídicas deben ceñirse a los criterios establecidos por una *regla de reconocimiento*, que les confiere validez de modo que sean aplicables sin necesidad de realizar valoraciones y elecciones discrecionales, salvo en tratándose de *casos controvertidos* o *difíciles*, que deben ser decididos tomando en cuenta pautas valorativas, no necesariamente morales, aunque pueden serlo, pero que delimitan la elección-decisión, aunque no la determinan; y

8). El *"iusnaturalismo moderno y racionalista"*[114], para el cual el derecho está conformado por reglas y principios y es con apego a

---

112 DE FAZIO, Federico (Instituto "A.L. Gioja", UBA, Universidad Friedrich-Alexander de Erlangen-Nurnberg), y GARCÍA JARAMILLO, Leonardo (Departamento de Gobierno y Ciencias Políticas, Universidad EAFIT), y *'Teoría pura del derecho', de Hans Kelsen,* en: (periódico) Ámbito Jurídico, año XVIII, N° 417 (11 al 24 de mayo de 2015), p. 21.

113 HART, Herbert, *"El Positivismo Jurídico y la Separación entre el Derecho y la Moral"*, en *Derecho y Moral. Contribuciones a su Análisis*, Buenos Aires, Desalma, y *El Concepto de Derecho*, Buenos Aires, Abeledo-Perrot. Citado por BONORINO, Pablo Raúl, y PEÑA AYAZO, Jairo Iván, Op. Cit., pp. 49 a 54.

114 DWORKIN, Ronald, *Los Derechos en Serio*, Barcelona, Ariel, y *El Imperio de la Justicia*, Barcelona, Gedisa. Citado por BONORINO, Pablo Raúl, y PEÑA AYAZO, Jairo Iván, Op. Cit., pp. 55 a 61.

175

éstos que se dirimen los *casos difíciles*, ya que permiten al juez buscar la respuesta correcta (que es la que mejor se ajusta a los hechos), mediante argumentos jurídicos corrientes, de modo que el juez, al resolver, no crea el derecho sino que confirma o deniega, según corresponda, el que los individuos ostentaban o pretendían antes de la decisión.

18. CASOS FÁCILES Y CASOS DIFÍCILES (BREVE DISTINCIÓN)

Es preciso decir que en el escenario de las nuevas vertientes de interpretación, se distinguen los llamados *"casos fáciles"* (cuando los diferentes principios privilegian la decisión en un sólo sentido, a lo cual se llega generalmente mediante deducción lógica o vía silogismo jurídico)[115], de los denominados *"casos difíciles"* (cuando entran en contradicción dos o más principios, por lo que la solución del caso amerita una ponderación de los mismos y a ella se arriba mediante una actividad creativa del juzgador).

---

115 En lugar de la locución *casos fáciles* (que repugna en el ámbito del derecho en cuanto entraña la idea de demérito), sería –quizás– más acertada la expresión *casos ordinarios o corrientes*. Ésto por cuanto todos los casos son sensibles para la justicia y por ende no ciertamente fáciles. Los hay incluso que exhibiendo el sentido de la decisión en una sola dirección –y pudiendo no ser difíciles– son sí de impacto y no siempre sencillos (como cuando entrañan presión mediática, o por el tipo de partes enfrentadas, o por las marcadas implicaciones económicas, o de otra índole, que puedan evidenciar). Por tanto, no es dable decir que son casos fáciles. En otros términos, así ocurra que los distintos principios y el silogismo jurídico o deducción racional indiquen invariablemente el sentido la decisión, no significa que se esté necesariamente ante un caso fácil.

Una noción más concreta es la que trae EZQUIAGA GANUZAS, para quien *casos fáciles* son aquellos en que el significado del enunciado normativo es unívoco (para todo operador jurídico), consistente (que no entre en conflicto con otra norma jurídica) y satisfactorio (que no choque con el sentido de justicia u otros valores importantes para el intérprete); y, por el contrario, *casos difíciles* son aquellos en que el significado del enunciado normativo no es unívoco, no es consistente, o no es satisfactorio[116].

19. CASOS ORDINARIOS O CORRIENTES Y CASOS EXTRAORDINARIOS O EXCEPCIONALES

Otra clasificación –elaborada sobre la base de que todos los casos son sensibles para el derecho y por ende no ciertamente fáciles–, podría ser la de *"casos ordinarios o corrientes"* y *"casos extraordinarios o excepcionales"*. Los primeros serían los comunes en el quehacer judicial y que indican además el sentido de la decisión en una sola dirección, en tanto que los segundos corresponderían a los de rara ocurrencia, con independencia de si muestran uniforme o no el sentido de la decisión. Entre los extraordinarios o excepcionales estarían los de impacto y los que suscitaren enfrentamiento(s) entre dos o más principios.

---

116 ESQUIAGA GANUZAS, Francisco Javier, *Casos fáciles y casos difíciles*, https://goo.gl/6rfdkR, pp. 63 y ss, México, 2006.

20. INTERPRETACIÓN CONFORME A LA CONSTITUCIÓN. SENTENCIA C-054 DE 2016

La interpretación conforme a la constitución se explica así:

El inciso 1° del artículo 27 del Código Civil, que reza *"Cuando el sentido de la ley sea claro, no se desatenderá su tenor literal a pretexto de consultar su espíritu"*, fue demandado por inconstitucional con el argumento, entre otros, de que el carácter imperativo del mismo vulnera los principios de *primacía de los normas constitucionales* y de *autonomía de los jueces en sus decisiones judiciales* consagrados en los artículos 4 y 230 de la Carta Política, y que ello implica que cuando el sentido de la norma legal sea claro no podrá desatenderse aquel así resulte contrario a las disposiciones constitucionales.

La Corte Constitucional, en sentencia C-054 de 2016, declaró exequible la expresión demandada bajo la consideración de que, más que contener una imposición, lo que hace es describir el método de interpretación gramatical o literal, que alude a la solución del caso concreto mediante la aplicación de la norma con sentido claro. Ello es válido siempre que la interpretación sea compatible con los postulados constitucionales.

En la referida sentencia se puntualizó:

"Por lo tanto, la Sala Plena considera que la norma tiene un

178

propósito unívoco, como es describir el método gramatical de interpretación, pero la misma carece un (sic) *alcance tal que tenga como consecuencia desconocer las diferentes facetas del principio de supremacía constitucional. En ese sentido, es necesario que la norma sea comprendida de forma compatible con la Carta (...) El método de interpretación gramatical, en tanto instrumento de carácter legal, está en cualquier circunstancia supeditado a la Constitución, por lo que devendrá en inválido jurídicamente todo ejercicio hermenéutico del derecho que, excusado en la presunta claridad del texto ley, ofrezca resultados incompatibles con los derechos, principios y valores dispuestos en la Carta Política".* (M. P. Luis Ernesto VARGAS SILVA).

Que el inciso 1° del artículo 27 del Código Civil tiene un carácter primordialmente descriptivo, lo confirma el artículo 32 del mismo código, que es norma posterior respecto de la contenida en el inciso citado y que establece: *"En los casos a que no pudieren aplicarse las reglas de interpretación anteriores* [entre ellas la consignada en dicho inciso]*, se interpretarán los pasajes oscuros o contradictorios del modo que más conforme parezca al espíritu general de la legislación y a la equidad natural".*

Hay que añadir que en la misma sentencia C-054 de 2016 se indicó:

"(...) las normas legales, entre ellas las previstas en el Código

179

Civil y que definen dichos métodos hermenéuticos, deben ser armonizadas con los derechos, principios y valores constitucionales.

Esto significa que las referidas fórmulas de interpretación serán conformes con la Carta Política en cuanto garanticen la eficacia de las facetas jerárquica, directiva e integradora del principio de supremacía constitucional. En otras palabras, la utilización de los métodos tradicionales de interpretación en casos concretos será admisible a condición que los resultados hermenéuticos sean compatibles con las restricciones formales y materiales de validez que impone la Constitución. En consecuencia, el intérprete deberá desechar aquellas opciones interpretativas que contradigan la Carta, incluso cuando las mismas sean un ejercicio razonable de las fórmulas de interpretación mencionadas. En contrario, cuando el uso de dichos mecanismos tradicionales no implique dicha incompatibilidad, sus resultados serán compatibles con el orden constitucional".

En el mismo fallo, en cita de la sentencia C-070 de 1996, se memora:

"El principio de la interpretación de la ley conforme a la Constitución impide a la Corte excluir del ordenamiento una norma cuando existe por lo menos una interpretación de la misma que se concilia con el texto constitucional. Este principio

180

maxima la eficacia de la actuación estatal y consagra una
presunción a favor de la legalidad democrática"[117].

Lo disertado acerca del método de interpretación gramatical o literal, es predicable en igual forma respecto de cualquiera otro método, criterio, regla, escuela o vertiente de interpretación jurídica, conforme lo registra la propia Corte Constitucional en la sentencia C-054 de 2016 antes citada, en la cual hace alusión concreta a los métodos gramatical, histórico, sistemático y teleológico o finalista.

Queda claro entonces que toda norma legal, sea que sólo requiera interpretación gramatical (por ser claro su sentido), o que amerite la aplicación de otro(s) método(s) o vertiente(s) de interpretación (cuando no es suficiente la interpretación gramatical), que resulte contraria a la Carta Política, es inconstitucional. Y dicho sea de paso, si una norma legal, cualquiera sea ella, sólo ofrece sentidos o interpretaciones inconstitucionales, prevalecen entonces las disposiciones superiores con las cuales resulte incompatible aquella, según lo advierte el artículo 4 de la Constitución Política, que reza: *"La Constitución es norma de normas. En todo caso de incompatibilidad entre la Constitución y la ley u otra norma jurídica, se aplicarán las disposiciones constitucionales"*. De modo que mientras no sea declarada inexequible la norma legal inconciliable con la Carta, será –apenas– objeto de *excepción de inconstitucionalidad* en los

---

117 Sobre la misma temática tratan las sentencias C-499 de 1994, C-100 de 1996, C-273 de 1999, C-649 de 2001, C-995 de 2001, C-038 de 2006 y C-122 de 2011.

términos del artículo 4° precitado.

En síntesis, toda norma o interpretación legal, clara o no, que resulte contraria a la Constitución, cualquiera sea el método, regla, criterio, escuela o vertiente en que se fundamente, deviene inconstitucional y debe por ende ser desechada.

Cabe agregar que el mismo principio consagrado en el artículo 4° de la Constitución Política de 1991 (sobre primacía de la constitución y excepción de inconstitucionalidad), se encontraba inmerso en la Constitución Política de 1886, que en su artículo 215 disponía: *"En todo caso de incompatibilidad entre la Constitución y la ley u otra norma jurídica, se aplicarán de preferencia las disposiciones constitucionales"*.

21. SISTEMA MIXTO DE CONSTITUCIONALIDAD. SENTENCIA C-122 DE 2011

Al respecto, la Corte Constitucional en sentencia C-122 de 2011 precisó:

"2.1 La excepción de inconstitucionalidad o el control de constitucionalidad por vía de excepción, se fundamenta en la actualidad en el artículo 4° de la Constitución (...) *. *Esta norma*

---

* Los antecedentes de la excepción de inconstitucionalidad se remontan al artículo 40 del Acto Legislativo No 3 de 1910, en donde se disponía que en todo caso de

182

hace que nuestro sistema de control de constitucionalidad sea calificado por la doctrina como un sistema mixto** ya que combina un control concentrado en cabeza de la Corte Constitucional y un control difuso de constitucionalidad en donde cualquier autoridad puede dejar de aplicar la ley u otra norma jurídica por ser contraria a la Constitución***.

2.2 De otra parte hay que tener en cuenta que el control por vía

---

incompatibilidad entre la Constitución y la ley debían aplicarse preferentemente las disposiciones constitucionales. También debe tenerse en cuenta el artículo 215 de la Constitución de 1886 en donde se estableció que, *"En todo caso de incompatibilidad entre la Constitución y la ley, se aplicarán de preferencia las disposiciones constitucionales".* Posteriormente en el artículo 5 de la Ley 57 de 1887 se estableció que, *"Cuando haya incompatibilidad entre una disposición constitucional y una norma legal, preferirá aquella".* Ver sobre el tema el libro de Alexei Julio Estrada, Las ramas ejecutiva y judicial del poder público en la Constitución colombiana de 1991, Bogotá, Universidad Externado de Colombia, 1991, pp. 283 – 288. Igualmente el libro de Natalia Bernal Cano titulado, La excepción de inconstitucionalidad y su aplicación en Colombia, Bogotá, Gustavo Ibáñez, 2002. También el artículo de Gilberto Augusto Blanco Zuñiga titulado *"Comentarios a la excepción de inconstitucionalidad y la excepción de ilegalidad en Colombia"*, en: *Revista de Derecho de la Universidad del Norte*, No 16, V. 1 2001, pp. 268 – 279.

** Por ejemplo Allan R. Brewer – Carias, en el *"Sistema mixto o integral de control de constitucionalidad en Colombia y Venezuela"*, Bogotá, Universidad Externado de Colombia, Temas de Derecho Público, No 39, 1995.

*** Es decir que combina la idea de Kelsen de control de constitucionalidad concentrado en una instancia jurídica especializada – Corte Constitucional - y un sistema propio del common law de control difuso en donde cualquier autoridad judicial puede en un caso concreto dejar de aplicar una norma. Kelsen propuso el control de constitucionalidad concentrado en su obra *¿Quién debe ser el guardián de la Constitución?* También se debe tener en cuenta el control de los actos normativos no legales que se establece en cabeza del Consejo de Estado en Colombia de conformidad con el numeral 2 del artículo 237 de la Constitución, que establece que corresponde a dicha Corporación conocer de las acciones de inconstitucionalidad de los decretos dictados por el Gobierno Nacional, cuya competencia no corresponda a la Corte Constitucional, atribuyendo a esta entidad el control de los decretos reglamentarios expedidos por el Gobierno Nacional.

*de excepción lo puede realizar cualquier juez, autoridad
administrativa e incluso particulares que tengan que aplicar una
norma jurídica en un caso concreto ****. Este tipo de control
se realiza a solicitud de parte en un proceso judicial o ex officio
por parte de la autoridad o el particular al momento de aplicar
una norma jurídica que encuentre contraria a la Constitución.
En este caso se debe subrayar que la norma legal o
reglamentaria que haya sido exceptuada por inconstitucional no
desaparece del sistema jurídico y continúa siendo válida ya que
los efectos del control por vía de excepción son inter partes, solo
se aplican para el caso concreto y no anulan en forma definitiva
la norma que se considera contraria a la Constitución.*

*2.3 Por este hecho una norma que haya sido exceptuada por
cualquier autoridad judicial, administrativa o por un particular
cuando tenga que aplicar una norma, puede ser demandada ante*

**** Desde las sentencias de los años sesenta de la Sala Penal de la Corte
Suprema de Justicia se empieza a tener en cuenta esta tesis. Se dice que los
funcionarios competentes para aplicar dicha norma son los que tienen jurisdicción.
Al respecto dijo la Sentencia del 2 de marzo de 1961 (M.P. Julio Roncallo Acosta),
que, *"El artículo 215 de la Constitución simplemente autoriza oponer, en un caso concreto,
la excepción de inconstitucionalidad. El fallo que decide sobre la acción de inexequibilidad
sólo puede ser pronunciado por la Corte en pleno y tiene efectos erga omnes; en cambio,
para decidir sobre la excepción referida es competente cualquier funcionario con
jurisdicción, que deba aplicar la ley, y solo tiene efectos en relación con el caso concreto en
donde el conflicto surge"* (Negrillas fuera del texto). También hay que tener en cuenta
los fallos de la Sala de Casación Penal de 14 de marzo de 1961, en donde se
convalida por vez primera la vía de excepción y se declara inaplicable una ley en un
caso concreto, y la sentencia del 26 de abril del mismo año, en donde se definen los
alcances generales de la excepción y se establece que cualquier funcionario con
jurisdicción es competente para inaplicar una ley contraria a la Constitución (Sobre
el particular ver el libro de Julio Estrada, Alexei, Op. cit., p. 284).

184

la Corte Constitucional que ejercerá el control de constitucionalidad y decidirá en forma definitiva, de manera abstracta, general y con efectos erga omnes si la norma exceptuada es constitucional o no.

2.4 Teniendo en cuenta lo anterior, considera la Corte que las excepciones de inconstitucionalidad que profieren las autoridades judiciales, administrativas o los particulares cuando tengan que aplicar una ley, no elimina la posibilidad que tiene la corporación de realizar el control de constitucionalidad de determinado precepto". (M. P. Juan Carlos HENAO PÉREZ).

22. MÉTODOS, ESCUELAS O VERTIENTES DE INTERPRETACIÓN VS. NORMAS JURÍDICAS A INTERPRETAR

De lo arriba expuesto se colige que unos son los *métodos, reglas, criterios, escuelas o vertientes de interpretación jurídica* (que propenden por la fijación del sentido y alcance de la norma con sujeción a determinadas directrices), y otras las *normas jurídicas a interpretar,* cuyos sentidos deben resultar siempre acordes a la constitución, so pena de ser desechados, de modo que si aquellas ofrecen sólo sentidos o interpretaciones contrarias a la carta, se aplican entonces las disposiciones de ésta.

23. VALIDACIÓN DE LOS MÉTODOS TRADICIONALES DE
INTERPRETACIÓN JURÍDICA

En esta oportunidad **no** se ahondará en las nuevas vertientes de interpretación jurídica, por cuanto, para los fines aquí previstos, así como en el evento de la sentencia C-1260 de 2001 (objeto de puntual reseña líneas más adelante), son suficientes, según se verá, los métodos o criterios tradicionales de interpretación atrás citados, que, conforme se indica en la sentencia C-1260 mencionada,

"(...) favorecen la seguridad jurídica y fortalecen la legitimidad de la actividad judicial, en la medida en que aseguran una mayor imparcialidad en las decisiones de los jueces. En tales condiciones, es razonable suponer que en general es preferible aquella interpretación que logra satisfacer todos los criterios hermenéuticos suscitados en un debate jurídico, de tal manera que esos distintos puntos de vista se refuercen mutuamente y en cierta medida comprueben recíprocamente su validez, por medio de una suerte de 'equilibrio reflexivo' o 'coherencia dinámica'"[118].

---

118 Fundamento 25 de la sentencia C-1260 de 2001, en cuyo pie de página número 8 se citan, entre otros autores, a MacCormick, Neils (*Legal Reasoning and Legal Theory, Clarendon Press, Oxford*), en punto a la importancia de la noción de intregridad y coherencia en el razonamiento jurídico); y a Dworkin, R. (Law's Empire, Fontana Press, London y Klaus Gunther, 1995), en lo atinente al concepto normativo de coherencia para una teoría de la argumentación jurídica.

24. PRECEDENTES CONSTITUCIONALES SOBRE LOS MÉTODOS TRADICIONALES DE INTERPRETACIÓN JURÍDICA

El mismo mecanismo de solución aquí anunciado (a la luz de los métodos tradicionales de interpretación jurídica) a efectos de resolver el problema jurídico atinente a si la letra no firmada por el girador, pero sí por el girado, produce o no efectos de pagaré, suele ser empleado por la Corte Constitucional al realizar el estudio de exequibilidad de normas legales específicas, conforme se reseña a continuación.

24.1. Sentencia C-1260 de 2001

En la sentencia C-1260 de 2001, con ponencia del magistrado Rodrigo UPRIMNY YEPES, fueron declaradas exequibles las expresiones *"en general, a su participación en el capital social de cualquier empresa", "participaciones sociales"* y *"lo mismo que cualquier forma de participación en el capital de una empresa"*, consignadas en el artículo 1° de la Ley 226 de 1995 *(Por la cual se desarrolla el artículo 60 de la Constitución Política en cuanto a la enajenación de la propiedad accionaria estatal, se toman medidas para su democratización y se dictan otras disposiciones)*. Tal decisión la adoptó la Corte Constitucional con fundamento en el análisis de los artículos 1° de la Ley 226 de 1995 y 60 de la Constitución Política con sujeción a los criterios de interpretación lógico, histórico, sistemático y teleológico. En ese contexto fijó el alcance de las expresiones *"acciones"* y *"propiedad accionaria"* contenidas en el

187

artículo 60 precitado. Tras resaltar que *"(...) es sensato asumir como principio hermenéutico que el funcionario judicial siempre debe preferir aquella interpretación que vigoriza el cumplimiento de los fines de la norma y que evita consecuencias indeseables en su aplicación"*, concluyó: *"el término acciones debe ser entendido en forma amplia, de tal manera que cubra a todas las formas de participación estatal en el capital social empresarial".*

24.2.   Sentencia C-739 de 2008

A su turno, en la sentencia C-739 de 2008, con ponencia del magistrado Marco Gerardo MONROY CABRA, fue declarado exequible el enunciado *"87.9 Las entidades públicas podrán aportar bienes o derechos a las empresas de servicios públicos domiciliarios, siempre y cuando su valor no se incluya en el cálculo de las tarifas que hayan de cobrarse a los usuarios y que en el presupuesto de la entidad que autorice el aporte figure este valor"*, consignado en el artículo 143 de la Ley 1151 de 2007 (*Por la cual se expide el Plan Nacional de Desarrollo 2006-2010*).

En la referida sentencia, con apoyo en los métodos literal, histórico y sistemático, la Corte Constitucional determinó:

"En conclusión, al parecer de la Corte el artículo 143 de la Ley 1151 de 2007 no vulnera el artículo 368 superior, porque esta última norma, que permite a las entidades territoriales conceder subsidios representados en partidas presupuestales destinadas a que personas

188

de menores ingresos puedan pagar las tarifas de los servicios
públicos domiciliarios que cubran sus necesidades básicas, no
regula la misma situación de hecho que describe la norma legal
acusada. En ésta no se trata de partidas presupuestales, sino de
aportes no capitalizables de obras de infraestructura, destinados a
superar las barreras del mercado cuando las mismas impiden
asegurar la prestación eficiente y universal de los servicios públicos
domiciliarios".

25. SOLUCIÓN A LA LUZ DE LA APLICACIÓN DE LOS MÉTODOS TRADICIONALES O MÁS COMUNES DE INTERPRETACIÓN JURÍDICA

Expresado todo lo anterior, se procede entonces a resolver el problema de si la letra no firmada por el girador, pero sí por el girado, se convierte o no en pagaré, acudiendo para ello –como se anticipó ya–, a los métodos tradicionales o más comunes de interpretación jurídica.

25.1. Método gramatical o literal

También llamado *nominal*, consagrado en el inciso 1° del artículo 27 del Código Civil, que establece: *"Cuando el sentido de la ley sea claro, no se desatenderá su tenor literal a pretexto de consultar su espíritu".* Confiere preponderancia al relato textual de la ley, siempre que sea claro.

En aplicación de este método de interpretación jurídica, la solución del problema resulta exigua, ya que no existe norma alguna que de manera expresa, y menos aún clara, regule los efectos que produce o deja de producir la letra sin firma del girador. Solamente rige en la actualidad el artículo 620 del Código de Comercio, que de manera general en su inciso 1° establece: *"Los documentos y los actos a que se refiere este título sólo producirán los efectos en él previstos cuando contengan las menciones y llenen los requisitos que la ley señale, salvo que ella los presuma"*, lo que mal puede equivaler a decir que haya una norma que de manera manifiesta disponga que la letra no firmada por el girador, pero sí por el girado, no produce efectos de letra de cambio, o que sí los produce. Y –se insiste– tampoco se halla norma alguna que en forma expresa preceptúe que dicho tipo de letra produce o deje de producir efectos de pagaré o de otro título valor.

Por lo antes expuesto, bien puede afirmarse que es innegable que la falta de regulación legal expresa de los efectos que produce o deja de producir la letra sin firma del girador constituye una *oscuridad normativa*, por lo que es dable acudir a otro u otros métodos de interpretación más avanzados en procura de despejar el alcance de la situación.

En otros términos, dicha oscuridad normativa ha de ser aclarada, según corresponda, ya sea recurriendo a la intención o espíritu de la ley *"claramente manifestados en ella misma"* (como lo indica la primera parte del inciso 2° del artículo 27 del Código Civil, sobre el método lógico de interpretación); o bien acudiendo a la intención o espíritu de la ley manifestados *"en la historia fidedigna de su establecimiento"* (como lo prevé la segunda parte del inciso 2° precitado, sobre el método histórico de interpretación); ora examinando el *"El contexto de la ley"* (como lo señala el inciso 1° del artículo 30 ibídem, atinente al método de interpretación sistemática); o el de otras leyes, *"particularmente si versan sobre el mismo asunto"* (como lo sugiere el inciso 2° del susodicho artículo 30, inherente también al método de interpretación sistemática); y, si fuere del caso, *"del modo que más conforme parezca al espíritu general de la legislación y a la equidad natural"* (como lo prescribe el artículo 32 ibídem, concerniente al método de interpretación teleológico o finalista).

25.2.   Método lógico

Consignado, como se dijo antes, en la primera parte del inciso 2° del artículo 27 del Código Civil, que advierte: *"(...) bien se puede, para interpretar una expresión oscura de la ley, recurrir a su intención o espíritu, claramente manifestados en ella misma"*. Busca determinar la relación natural en la que se encuentran las diversas partes de la ley.

Este método es también insuficiente para la solución del asunto, por cuanto el que a la luz de los artículos 620 y 621, numeral 2°, del Código de Comercio la letra sin firma del girador (creador del título) no produzca efectos de letra de cambio, no significa que tampoco produzca efectos de pagaré o de otro título valor, o que sí los genere.

Confirma el anterior aserto el hecho de que una disposición similar a la contenida en el numeral 2º del artículo 621 citado (atinente a la firma del creador como requisito esencial de todo título valor), estaba consignada tanto en la Ley 46 de 1923 (artículo 5, numeral 1º, que establecía que un instrumento para que fuere negociable debía *"Constar por escrito y estar firmado por el que lo extiende o gira"*), como en el Proyecto de Código de Comercio de 1958 (artículo 1337, numeral 1º, que de manera similar señalaba que un instrumento para ser negociable debía *"Constar por escrito y estar firmado por el otorgante y por el girador"*), pero además de ello los referidos estatutos (la Ley 46 de 1923 en el artículo 20, numeral 5, y el Proyecto de Código de Comercio de 1958 en el artículo 1276, numeral 5), reconocían de manera expresa, según se vio ya (números 9.2. y 9.3. del presente capítulo), el instituto de la conversión de la letra en pagaré en caso de que aquella presentare omisiones (siendo una de tales omisiones la falta de firma del girador), reconocimiento que, se itera, no hace el Código de Comercio hoy vigente.

En otras palabras, así como la Ley 46 de 1923 (artículo 20, numeral 5), y el Proyecto de Código de Comercio de 1958 (artículo 1276, numeral 5), preceptuaban que la letra que presentare omisiones, podía ser considerada por el tenedor como un pagaré, bien hubieran podido establecer que tal tipo de letra no producía efectos de pagaré, o simplemente hubieran podido no disponer nada sobre el particular. Esto último es lo que ocurre en el Código de Comercio hoy vigente, que simplemente instituye en su artículo 620 que los documentos y los actos a que se refiere el título III (De los Títulos Valores) del Libro Tercero, *"sólo producirán los efectos en él previstos cuando contengan las menciones y llenen los requisitos que la ley señale, salvo que ella los presuma".* Esta preceptiva legal, según acaba de verse al analizar el asunto con sujeción al método de interpretación gramatical o literal, no equivale a decir que haya una norma que de manera manifiesta disponga que la letra no firmada por el girador, pero sí por el girado, no produce efectos de letra de cambio o de otro títulos valor, o que sí los produce.

Se corrobora de nuevo que, con apoyo en los artículos 620 y 621, numeral 2°, del Código de Comercio, no es posible determinar que la letra no firmada por el girador no produce efectos de pagaré o de otro título valor, o que sí los produce.

Se concluye, por tanto, que el método lógico de interpretación tampoco es idóneo para resolver el problema jurídico propuesto. Con todo, de la aplicación del método lógico, aunque insuficiente, como se dijo, se rescata como útil que es superfluo decir *a priori*, con sustento en el mismo, que la letra sin firma del girador, por no ser letra de cambio, no es título valor.

25.3. Método histórico

Inmerso a su turno, como se advirtió atrás, en la segunda parte del inciso 2° del artículo 27 del Código Civil, cuando señala que para interpretar una expresión oscura de la ley, se puede recurrir también a su intención o espíritu manifestados *"en la historia fidedigna de su establecimiento"*. Tiene por objeto auscultar la voluntad del autor de la ley.

A la luz de este método se observa que el legislador de 1971 (Decreto-Ley 410 de 1971, por el cual fue expedido el Código de Comercio) decidió no ocuparse del particular, lo que se hace evidente si se repasa la evolución legislativa de la figura. En efecto: i) conforme al artículo 767 del Código de Comercio Terrestre de 1887, la letra de cambio en que faltare alguna de las formalidades legales era considerada como *"simple pagaré, firmado por el librador a favor del tomador"*; ii) acorde con el numeral 5 del artículo 20 de la ley 46 de 1923, cuando el instrumento fuere tan ambiguo que no se supiere si tenía el carácter de letra de cambio o pagaré, el tenedor podía considerarlo a su elección como letra o pagaré; iii) en sentido similar, de acuerdo con el numeral 5 del artículo 1276 del Proyecto de Código de Comercio de 1958, cuando el título fuere tan ambiguo que se ignorare si tenía el carácter de una orden o de una promesa, el tenedor podía considerarlo a su elección como orden o como promesa; iv) el Proyecto Intal omitió referirse al mencionado fenómeno de manera expresa; y v) lo propio hizo el Código de Comercio colombiano, que se inspiró en el Proyecto Intal.

De suerte que el método histórico de interpretación resulta, en igual forma, insuficiente para la resolución del asunto, por cuanto, con arreglo al mismo, sólo es posible reseñar:

1). Que cronológicamente, desde el momento en que comenzó a regir el Código de Comercio Terrestre hasta el Proyecto de Código de Comercio de 1958 y puntualmente hasta el momento en que empezó a regir el Código de Comercio, la letra sin firma del girador podía ser considerada como pagaré bajo las circunstancias previstas en las normas respectivas; y

2). Que tal alternativa o posibilidad no se mantuvo en el Código de Comercio (hoy vigente) en cuanto se apegó al sistema del Proyecto Intal, que, como se dijo antes, omitió referirse al aludido fenómeno.

25.4. Método sistemático

Llamado también *contextual*. Aparece dispuesto en el artículo 30 del Código Civil, que reza: *"El contexto de la ley servirá para ilustrar el sentido de cada una de sus partes, de manera que haya entre todas ellas la debida correspondencia y armonía. // Los pasajes oscuros de una ley pueden ser ilustrados por medio de otras leyes, particularmente si versan sobre el mismo asunto".* Se basa en el examen de la norma a interpretar en concordancia con otras reglas jurídicas de la misma institución.

En correspondencia con este criterio de interpretación se avizora que:

1). Conforme al artículo 710 del Código de Comercio, el obligado directo de la letra de cambio (o sea el aceptante a cargo de quien se gira) y el obligado directo del pagaré (o sea el suscriptor), se equiparan;

2). Por disposición expresa del artículo 711 ibídem, le son aplicables al pagaré, en lo conducente, las disposiciones relativas a la letra de cambio. Lo que se explica por cuanto la letra de cambio y el pagaré son títulos valores afines y similares, comunes además en la mayoría de sus requisitos generales y especiales. Sólo se diferencian en la forma en que se estructura el compromiso del principal obligado: por medio de una *orden de pago* en la letra de cambio (numeral 1º del artículo 671 del Código de Comercio) y a través de una *promesa de pago* en el pagaré (numeral 1º del artículo 709 ibídem);

3). El artículo 645 del Código de Comercio, al establecer que las disposiciones del Título III del Libro Tercero ibídem *"no se aplicarán a los boletos, fichas, contraseñas u otros documentos no destinados a circular"*, implícitamente reconoce que las aludidas disposiciones se aplican a los documentos destinados a circular, como lo es la letra sin firma del girador, ya que, antes de cualquiera otra consideración, es con ese fin que se decide su elaboración; y

4). Tres normas legales, concretamente los artículos 646, 821 y 1394, inciso 1º, del Código de Comercio, aceptan de manera expresa la *conversión instrumental* del título valor (a este tipo de conversión se refiere el numeral 4.1. del Capítulo IV de la presente monografía)[119,] por lo que es claro que el espíritu del sistema que regula la figura no es ciertamente el de rechazar **ab initio** toda clase de conversión instrumental.

Así las cosas, es dable afirmar, a la par de resumir, que: i) si el artículo 685 del Código de Comercio dispone que **la sola firma del girado (obligado principal y directo) será bastante para que la letra de cambio se tenga por aceptada**, ii) si en el pagaré el creador del título es el suscriptor u otorgante del mismo **(obligado principal o directo)**, iii) si conforme al artículo 710 ibídem, **el aceptante de la letra de cambio se equipara al suscriptor del pagaré**, y iv) si al tenor del artículo 711 ibídem le son *"aplicables al pagaré, en lo conducente, las disposiciones relativas a la letra de cambio"*, <u>entonces</u>: es perfectamente procedente reconocerle efectos de pagaré a la letra no firmada por el girador, pero sí por **el girado-aceptante**, dado, además, que, **por ser un documento *destinado a circular***, le son aplicables las disposiciones del Título III varias veces mencionado (artículos 619 a 821 del Código de Comercio).

---

119 En el numeral 4.1. del capítulo IV de la presente monografía se dijo: i) que el artículo 646 del C. Co. se refiere a la conversión instrumental en cuanto señala: *"Los títulos creados en el extranjero tendrán la consideración de títulos-valores si llenan los requisitos mínimos establecidos en la ley que rigió su creación"*; y ii) que al mismo tipo de conversión se refiere el artículo 821 ibídem en cuanto entiende por títulos valores de contenido crediticio la expresión *"instrumentos negociables"* en los casos en que sea empleada en la ley o en los contratos, ejemplo de lo cual es el inciso 1° del artículo 1394 del mismo código, conforme al cual *"Los bancos expedirán, a solicitud del interesado, certificados de depósito a término los que, salvo estipulación en contrario, serán **negociables*** [lo que significa que los certificados de depósito a término son considerados por la ley títulos valores de contenido crediticio] *como se prevé en el título III del libro III de este código"*.

Dicho de otra manera, en cuanto el artículo 710 del Código de Comercio dispone que *"El suscriptor del pagaré se equiparará al aceptante de una letra de cambio"*, y como *equiparar* significa *"Considerar una persona o cosa igual o equivalente a otra"*[120], es dable concluir que la *aceptación de una orden de pago* (que es la forma en que se estructura la obligación del deudor principal en la letra de cambio), equivale a una *promesa de pago* (que es la forma en que se estructura a su turno la obligación del otorgante y deudor principal en el pagaré). Por consiguiente, en cuanto *aceptar pagar* equivale a *prometer pagar,* la letra no firmada por el girador pero sí por el girado, vale decir, aceptada por éste, deviene en pagaré siempre que concurran los demás requisitos de este último tipo de título valor.

Por las antedichas consideraciones, es lo indicado conferirle efectos de pagaré al citado tipo de letra.

Se observa entonces que en virtud de la aplicación del método sistemático de interpretación, se hallan varios postulados (los antes referidos), con arreglo a los cuales se concluye que la letra sin firma de girador, pero sí del girado, produce efectos de pagaré.

25.5. Método teleológico o finalista[121]

---

120 *Diccionario de la Lengua Española, de la Real Academia Española*, Madrid, Editorial Espasa, Calpe, S. A., Vigésima Primera Edición, t. II, letras a/g, p. 862.

121 Una sub-especie de interpretación intermedia entre los métodos sistemático y

Referido en el artículo 32 del Código Civil, en cuanto dispone: *"En los casos a que no pudieren aplicarse las reglas de interpretación anteriores, se interpretarán los pasajes oscuros o contradictorios del modo*

---

finalista, es, según se infiere de la sentencia C-649 de 2001 (M. P. Eduardo MONTEALEGRE LYNETT), la *interpretación conforme*, con arreglo a la cual las disposiciones jurídicas deben leerse en el sentido que mejor guarde coherencia con lo dispuesto en la Carta Política.

Mediante dicha sentencia la Corte Constitucional declaró exequibles los artículos 143 y 144 de la Ley 446 de 1998 (*Por la cual se adoptan como legislación permanente algunas normas del Decreto 2651 de 1991, se modifican algunas del Código de Procedimiento Civil, se derogan otras de la Ley 23 de 1991 y del Decreto 2279 de 1989, se modifican y expiden normas del Código Contencioso Administrativo y se dictan otras disposiciones sobre descongestión, eficiencia y acceso a la justicia*).

Tras descartar la solución del caso a la luz de los métodos literal, histórico y sistemático, y con apoyo en una *interpretación conforme*, la Corte concluyó:

"En primer lugar, los artículos 143 y 144 de la Ley 446 de 1998, atribuyen a la Superintendencia de Industria y Comercio funciones administrativas y jurisdiccionales en materia de competencia desleal.

Segundo, las funciones jurisdiccionales son aquellas que ya venían ejerciendo los jueces de la República en aplicación de la Ley 256 de 1996, por virtud de los principios constitucionales de igualdad y de excepcionalidad en la atribución de este tipo de funciones a entidades administrativas. Ello excluye del carácter jurisdiccional, atribuciones tales como las de imponer las multas y sanciones pecuniarias establecidas en el artículo 4 del D. 2153 de 1992, abstenerse de dar trámite a las quejas que no sean significativas, o llevar registros.

Tercero, es indispensable que al ciudadano objeto de la investigación adelantada por la Superintendencia, se le haga saber claramente cuál función ejerce la entidad en cada caso: la jurisdiccional, o la administrativa.

Cuarto, en todo caso debe garantizarse la independencia del funcionario judicial, por lo cual se condicionará la constitucionalidad de las normas acusadas en el siguiente sentido: no podrá un mismo funcionario o despacho de la Superintendencia aludida, ejercer función jurisdiccional respecto de los casos en los cuales haya ejercido anteriormente sus funciones administrativas ordinarias de inspección, vigilancia y control".

199

que más conforme parezca al espíritu general de la legislación y a la equidad natural". Busca desentrañar el fin o intención final del legislador.

A este propósito es preciso anotar que si bien los artículos 27, inciso 2° (sobre métodos lógico e histórico) y 32 (sobre método teleológico o finalista), propenden por la búsqueda del *espíritu* de la norma, dicho inciso 2° del artículo 27 lo supedita a **la ley misma** (método lógico), o a **la historia fidedigna de su establecimiento** (método histórico), en tanto que el artículo 32 citado lo proyecta al **conjunto de la legislación**, es decir, va más allá de la norma concreta a interpretar.

De la aplicación del método teleológico o finalista de interpretación resultan los siguientes postulados esenciales:

1). La omisión de las menciones y requisitos señalados en la ley para que un documento o acto produzca los efectos previstos en el Título III del Libro Tercero del Código de Comercio *"no afecta el negocio jurídico que dio origen al documento o acto"* (inciso 2º del artículo 620 del Código de Comercio);

2). Dichas menciones o requisitos pueden ser presumidas por la ley (enunciado final del inciso 1º del artículo 620 del Código de Comercio);

3). Las normas que regulan la institución de los títulos valores se basan en la protección de los intereses del acreedor[122], más que en los del deudor (en la letra de cambio el girado es el deudor, lo mismo que ocurre con el suscriptor del pagaré, quien también es el deudor);

4). El propósito del girador-aceptante, o del girador y el girado (cuando son personas distintas) en una letra de cambio, lo mismo que el propósito del suscriptor del pagaré, no es otro que crear y emitir un título valor de contenido crediticio y por ende dar nacimiento a deudas autónomas, al punto que las *circunstancias que invaliden la obligación de alguno o algunos de los signatarios, no afectarán las obligaciones de los demás*" (artículo 627 del Código de Comercio);

5). Los obligados directos, tanto en la letra de cambio como en el pagaré, que por disposición legal expresa (artículo 710 del Código de Comercio) se equiparan, son a la postre quienes, por ser deudores, reciben contraprestación. Y mal puede decirse que la finalidad del aceptante de la letra de cambio sea únicamente *aceptar una orden* y que la del suscriptor del pagaré sea simplemente *otorgar una promesa*, ya que tales *aceptación de orden* y *otorgamiento de promesa* no son en estricto rigor finalidades, sino más bien formas de estructurar(se) el apremio del obligado directo en uno y otro caso.

Más todavía, en la letra de cambio el propósito del girado es

---

122 Una de las principales funciones de los títulos valores (interpretación conforme a la Constitución Política) *"es la de brindar seguridad jurídica al acreedor"*, se indica en la sentencia C-451 de 2002 (M. P. Manuel José CEPEDA ESPINOSA), sobre exequibilidad del artículo 731 del C. Co.

hacerse obligado directo (cual ocurre con el suscritor del pagaré), amén de que se crea y emite con el objeto de realizarle el pago al beneficiario, sea éste el girador (cuando la letra es girada a la orden del mismo girador); sea un tercero, ya determinado (cuando es librada a la orden), ora indeterminado (cuando es librada al portador)[123]. Sucede igual en el pagaré, título valor éste que debe serle descargado al beneficiario, sin importar que sea emitido a la orden o al portador[124].

Además de lo predicho, en el plano instrumental (o formal), la letra de cambio y el pagaré son también equivalentes, habida cuenta que se trata de títulos que pueden perfectamente ser elaborados en documentos comunes (que no traigan o preimpreso el epígrafe *letra de cambio* o el rótulo *pagaré*)[125]. Significa ello que el título valor *letra*

---

123 La letra de cambio puede ser emitida *"a la orden o al portador"*, según lo prevé el numeral 4° del artículo 671 del C. Co.

124 El pagaré, al igual que la letra de cambio, puede ser expedido *"a la orden o al portador"* (numeral 3° del artículo 709 del C. Co).

125 No existe norma alguna que de manera expresa disponga que la letra de cambio o el pagaré que no sean elaborados en documentos impresos o especiales o que no incluyan las denominaciones *letra de cambio* o *pagaré*, no producen efectos o pierdan la condición de título valor.

No ocurre lo mismo con el *cheque*, que por disposición expresa del artículo 712 del Código de Comercio *"sólo puede ser elaborado en formularios impresos de cheque o chequeras y a cargo de un banco"*. De lo contrario no surte efectos de título valor.

En cuanto a la *factura*, hay que decir que al tenor del inciso 2° del artículo 774 ibídem (que fue modificado por el artículo 3 de la Ley 1231 de 2008, *Por la cual se unifica la factura como título valor como mecanismo de financiación para el micro, pequeño y mediano empresario, y se dictan otras disposiciones), "No tendrá el carácter de título valor* [se resalta] *la factura que no cumpla con la totalidad de los requisitos legales señalados en el presente artículo. Sin embargo, la omisión de cualquiera de estos requisitos, no afectará la validez del negocio jurídico que dio origen a la factura"*.

de cambio no es tal por el simple hecho de que incluya el epígrafe *"letra de cambio"*, o expresiones tales como *"acepto"* o *"aceptada"*. Dichos epígrafe o expresiones no constituyen requisitos, ni generales ni especiales, ni expresos ni supletorios, de la letra de cambio.

Del mismo modo, el título valor *pagaré* no es tal por el simple hecho de que contenga el epígrafe *"pagaré"*, o la palabra *"suscriptor"*, o la dicción *"otorgante"*, enunciados, todos, que tampoco son requisitos, ni generales ni especiales, ni expresos ni supletorios, del citado tipo de título valor, al cual –no puede perderse de vista– le son aplicables, *"en lo conducente, las disposiciones relativas a la letra de cambio"* (artículo 711 del Código de Comercio).

Se concluye, por tanto, que conforme al método de interpretación teleológico o finalista, al igual que con arreglo al método de interpretación sistemático, la letra sin firma del girador, pero sí del girado, produce efectos de pagaré.

26. SOLUCIÓN MÁS CONFORME A DERECHO RESULTANTE DE LA ARMONIZACIÓN DE LOS DISTINTOS MÉTODOS DE INTERPRETACIÓN

El numeral 1° de dicho artículo 774, antes de la Ley 1231 de 2008 –que lo modificó– disponía que la *factura cambiaria de compraventa* debía contener, entre otros requisitos adicionales a los establecidos en el artículo 621, *"La mención de ser 'factura cambiaria de compraventa'"*, so pena de perder la calidad de título valor –advertía el inciso final del artículo 774 reformado también por la Ley 1231 mencionada–.

De la apreciación en conjunto de los resultados obtenidos a la luz de los distintos métodos tradicionales de interpretación jurídica, es dable deducir que la solución que más conviene a los intereses sociales y a la realización de la justicia material y, por tanto, la interpretación *"que más vigoriza el cumplimiento de los fines de la norma y que evita consecuencias indeseables en su aplicación"*[126] y, por ende, que más conforme parece *"al espíritu general de la legislación y a la equidad natural"*, como lo manda el artículo 32 del Código Civil, gracias a la cual se logra un equilibrio reflexivo y una coherencia dinámica entre los criterios de interpretación expuestos[127,] es la de que la letra sin firma del girador, pero sí del girado, si bien no produce efectos de letra de cambio, sí produce efectos de pagaré.

27. SOLUCIÓN MEDIANTE LA APLICACIÓN ANALÓGICA, *MUTATIS MUTANDIS*, DE LA TEORÍA DE LA *CONVERSIÓN DEL CONTRATO*

Con todo y con independencia de lo antedicho, si se decide dirimir el asunto, no a la luz de los métodos de interpretación más conocidos, sino mediante la técnica de la aplicación analógica y **mutatis mutandis** del fenómeno de la *conversión del contrato*, concretamente el de la *conversión del contrato nulo* regulado en el artículo 904 del Código Civil, habría lugar a decir: *el título valor*

---

126 **Óbiter dicta** extractado de la sentencia C-1260 de 2001 varias veces citada.

127 Ídem.

ineficaz o incompleto producirá los efectos de un título valor diferente, del cual contenga los requisitos esenciales y formales, si considerando el fin perseguido por el deudor y el beneficiario, deba suponerse que éstos, de haber conocido la ineficacia o falencia, habrían querido crear el título diferente. Y de manera más específica sería dable sostener: *la letra en que el girado es persona distinta del girador y adolezca de la falta de firma del girador producirá los efectos de pagaré, si considerando el fin perseguido por el girador y el girado (aceptante), deba suponerse que éstos, de haber conocido la ineficacia o falencia de la letra, habrían querido crear el pagaré.* Y en términos más concluyentes aún, *la letra no firmada por el girador, pero sí por el girado, producirá los efectos de pagaré, si considerando el fin perseguido por ambos, deba suponerse que éstos, de haber conocido la ineficacia o falencia de la letra, habrían querido crear el pagaré.*

El precitado desenlace parte de la base de que en la fallida letra de cambio no firmada por el girador, pero sí por el girado-aceptante, milita en este último la indudable intención de obligarse, de tal suerte que cuando realiza la entrega del instrumento lo hace bajo el entendido de estar participando en el proceso de creación y emisión de un título valor de contenido crediticio.

Sustento legal de la referida resolución es el artículo 1 del Código de Comercio, que en lo pertinente ordena que los casos no regulados expresamente en la ley comercial sean decididos por analogía de sus normas.

Asimismo, sustento doctrinario (autorizado) de dicha elucidación es la siguiente disertación del profesor y tratadista Fernando HINESTROSA:

"(...) en desarrollo del principio de salvación del negocio jurídico, cuando la irregular celebración de uno determinado se debe a la deficiencia de la solemnidad exigida a propósito, sin embargo se abre la posibilidad de su conversión en una figura alterna, con función análoga, siempre que 'considerado el fin perseguido por las partes, deba suponerse que estas de haber conocido la nulidad, habrían querido celebrar el otro contrato' (arts. 904 C. Co. y 1424 cofice civile –léase **Código Civil Italiano**–*) '"*[128].

El mismo autor, en nota de pie de página número 1294 apunta:

"Como ejemplos se piensa al rompe en un testamento nulo por defecto de testigos, pero eficaz en cuanto reconocimiento de deuda, o en un intento de título valor que vale simplemente como reconocimiento de deuda o como promesa de pago "[129].

28. SOLUCIÓN MEDIANTE LA APLICACIÓN DEL PRINCIPIO DE CONSERVACIÓN DEL DERECHO Y DEL EFECTO ÚTIL

---

128 HINESTROSA, Fernando, Op. Cit., pp. 424 y 425.

129 Ibíd., p. 425.

En virtud del principio hermenéutico de *conservación del derecho y del efecto útil* (que enseña que si un acto admite dos o más sentidos o interpretaciones debe prevalecer el más razonable dentro del ordenamiento jurídico como sistema)[130], sería factible aseverar que si la letra no suscrita por el girador pero sí por el girado-aceptante arroja dos posibles interpretaciones, una en el sentido de que surte efectos de pagaré y otra en el sentido de que no los produce, ha de preferirse la que le reconoce efectos de pagaré.

29. SÍNTESIS

En síntesis, el que la letra no firmada por el girador, pero sí por el girado, no surta efectos de letra de cambio, no impide que produzca efectos de otro título valor, máxime cuando no existe norma alguna que obstruya o niegue tal posibilidad. Por tanto, no existiendo norma expresa que desconozca los efectos de título valor a la letra no suscrita por el girador, y habiendo sí disposiciones como los artículos 710 y 711 del Código de Comercio, que en su orden establecen: **Art. 710**.- *"El suscriptor del pagaré se equipara al aceptante de una* letra *de cambio"* (que es lo mismo que decir que el aceptante de la letra de cambio se equipara al suscriptor de un pagaré), y **Art. 711**.- *"Serán*

---

130 Al respecto la sentencia de 28 de febrero de 2005, CSJ, C (reiterada en las sentencias de 30 de agosto de 2011, 5 de septiembre de 2011, y 21 de febrero de 2012), publicada en: *Jurisprudencia y Doctrina*, t. XL, N° 478, octubre de 2011, Bogotá, Legis, p. 1758. Véase también t. XLI, N° 484, abril de 2012, pp. 625 y 626.

aplicables al pagaré, en lo conducente, las disposiciones relativas a la letra de cambio", es perfectamente viable, con arreglo a la armonización de los métodos más comunes de interpretación jurídica, o conforme a la aplicación analógica y **mutatis mutantis** de la teoría de la conversión del contrato, o con sujeción al principio hermenéutico de *conservación del derecho y del efecto útil*, reconocerle efectos de pagaré al citado tipo de letra.

La referida solución adquiere mayor firmeza si se observa que es posible diseñar el título valor letra de cambio por fuera de los convencionalismos, vale decir, sin que se ciña a una pro forma o machote –usuales en el mercado corriente– que traiga(n) preimpresa la locución *"letra de cambio"* y/o la palabra *"acepto"* o *"aceptada"*, expresiones todas estas que perfectamente pueden no estar contenidas en dichas pro forma o machote y que, por lo mismo, pueden ser ignoradas habida cuenta que no son contempladas como requisitos esenciales del citado tipo de título valor. (No se olvide que, al igual que la letra de cambio, el título valor pagaré puede ser también elaborado en una hoja en blanco, que no consista en una pro forma ni contenga el rótulo *"pagaré"* o la dicción *"suscriptor"*).

30. REPRESENTACIÓN GRÁFICA DE LA SOLUCIÓN PROPUESTA

De manera esquemática, la solución propuesta se representaría –y explicaría– como a continuación se indica.

En el caso del modelo expuesto en el numeral 2.3. del presente capítulo (*Letra girada **a la orden del girador**, sólo firmada por el girado*), mismo modelo reproducido en la contraportada del presente texto jurídico, sería así:

Nº	*LETRA DE CAMBIO*	Por $ 100.000

Ciudad y Fecha: *Armenia, Quindío, 31 de enero de 2020*
Señor **B** .... [entiéndase **otorgante**], *el 31 de diciembre de 2020* se servirá pagar [entiéndase **pagará**], en *Armenia, Quindío*, a la orden de *A...*, la suma de *CIEN MIL PESOS ($100.000)*..

A ... (No firmado)
Girador

B... (.Firmado).
Girado (Aceptante)
[entiéndase **otorgante**]

En el evento del modelo presentado en el numeral 2.5. (*Letra girada **a la orden de un tercero**, sólo firmada por el girado*), sería a su turno así:

209

Nº [   ]   **LETRA DE CAMBIO**   Por $ 100.000
Ciudad y Fecha: *Armenia, Quindío, 31 de enero de 2020*
Señor *B* .... [entiéndase **otorgante**], *el 31 de diciembre de 2020* se
servirá pagar [entiéndase **pagará**], en *Armenia, Quindío,* a la orden de *C....,* la
suma de *CIEN MIL PESOS ($100.000)*...
A ... (No firmado)   *B ... (Firmado).*
Girador   Girado (Aceptante)
[entiéndase **otorgante**]

En lo que concierne a las *letras giradas **a la orden del girador**,* *sólo **firmadas por el girado*** (numeral 4.3.), sería como sigue:

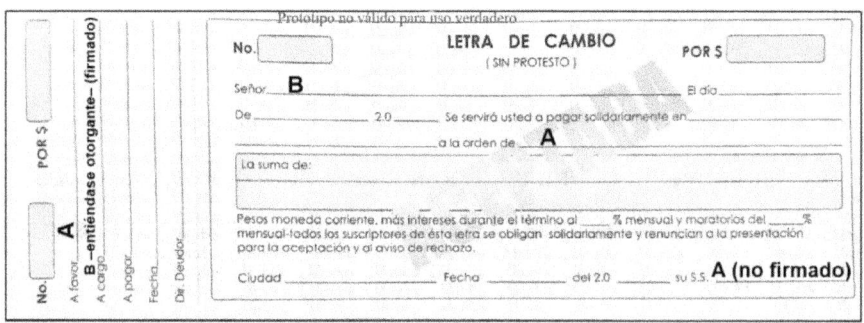

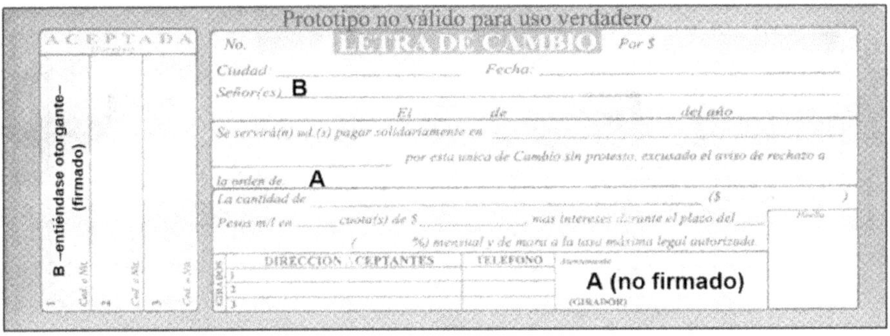
Prototipo no válido para uso verdadero
ACEPTADA
B –entiéndase otorgante–
(firmado)
No.
LETRA DE CAMBIO
Por $
Ciudad
Fecha:
Señor(es) B
El de del año
Se servirá(n) ud.(s) pagar solidariamente en
por esta única de Cambio sin protesto, excusado el aviso de rechazo a
la orden de A
La cantidad de ($)
Pesos m/l en cuota(s) de $ más intereses durante el plazo del
(%) mensual y de mora a la tasa máxima legal autorizada.
DIRECCIÓN ACEPTANTES
TELÉFONO
GIRADOS
A (no firmado)
(GIRADOR)

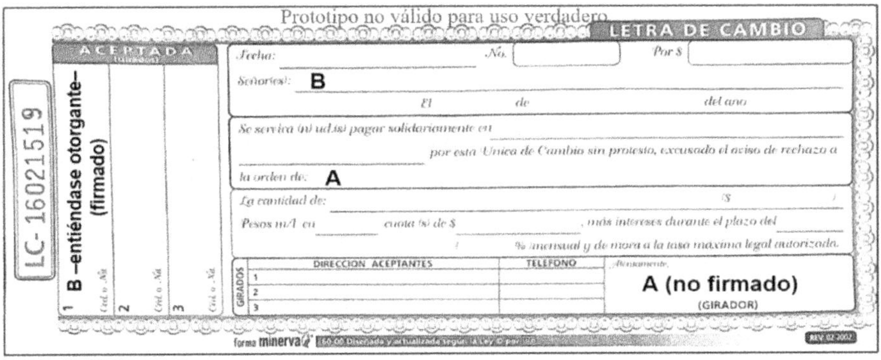
Prototipo no válido para uso verdadero
LETRA DE CAMBIO
ACEPTADA
LC- 16021519
B –entiéndase otorgante–
(firmado)
Fecha:
No.
Por $
Señor(es): B
El de del año
Se servirá (n) ud.(s) pagar solidariamente en
por esta Única de Cambio sin protesto, excusado el aviso de rechazo a
la orden de: A
La cantidad de: ($)
Pesos m/l en cuota (s) de $, más intereses durante el plazo del
(% mensual y de mora a la tasa máxima legal autorizada.
DIRECCION ACEPTANTES
TELEFONO
GIRADOS
Atentamente,
A (no firmado)
(GIRADOR)
forma minerva

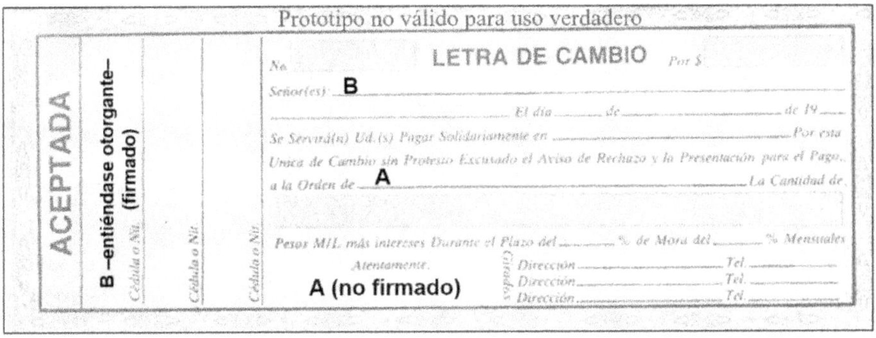
Prototipo no válido para uso verdadero
ACEPTADA
B –entiéndase otorgante–
(firmado)
Cédula o Nit.
Cédula o Nit.
Cédula o Nit.
No.
LETRA DE CAMBIO
Por $
Señor(es) B
El día de de 19
Se Servirá(n) Ud.(s) Pagar Solidariamente en Por esta
Única de Cambio sin Protesto Excusado el Aviso de Rechazo y la Presentación para el Pago,
a la Orden de A La Cantidad de
Pesos M/L más intereses Durante el Plazo del % de Mora del % Mensuales
Atentamente,
A (no firmado)
Dirección Tel.
Dirección Tel.
Dirección Tel.

Prototipo no válido para uso verdadero

Y en lo que atañe a las *letras giradas* **a la orden de un tercero**, *sólo* **firmadas por girado** (numeral 4.6.) la solución sería:

212

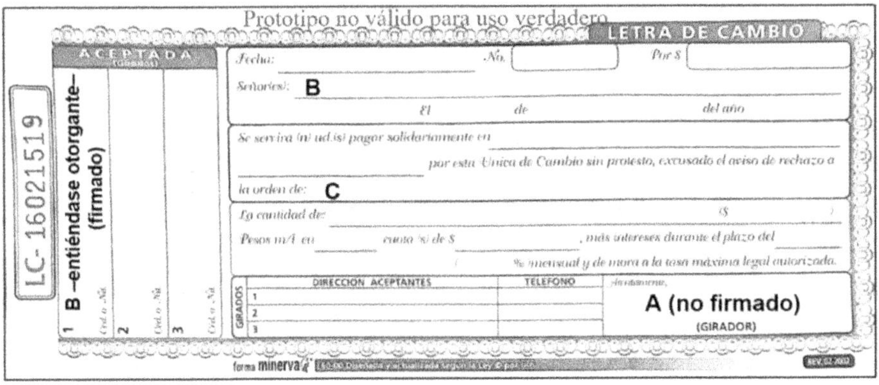
Prototipo no válido para uso verdadero
LETRA DE CAMBIO
ACEPTADA (Girados)
LC- 16021519
1 B –entiéndase otorgante– (firmado)
Ced. o Nit. 2 Ced. o Nit. 3 Ced. o Nit.
Fecha: No. Por $
Señor(es): B
El de del año
Se servirá (n) ud.(s) pagar solidariamente en
por esta Única de Cambio sin protesto, excusado el aviso de rechazo a
la orden de: C
La cantidad de: ($)
Pesos m/l en cuota (s) de $, más intereses durante el plazo del
% mensual y de mora a la tasa máxima legal autorizada.
GIRADOS 1 2 3 DIRECCION ACEPTANTES TELEFONO
Atentamente,
A (no firmado)
(GIRADOR)
forma minerva

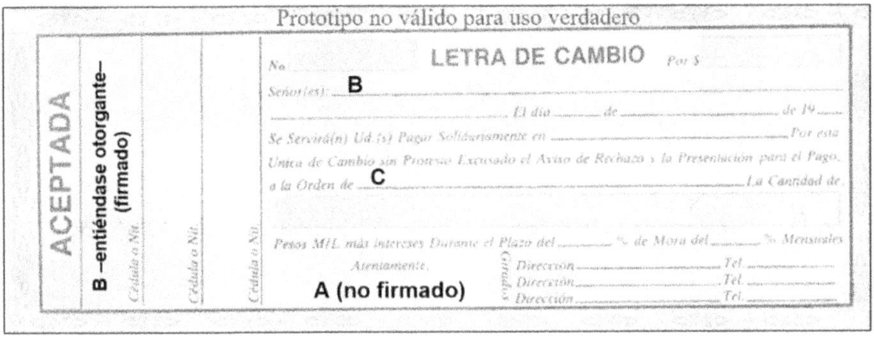
Prototipo no válido para uso verdadero
ACEPTADA
B –entiéndase otorgante– (firmado)
Cédula o Nit. Cédula o Nit. Cédula o Nit.
No. LETRA DE CAMBIO Por $
Señor(es): B
El día de de 19
Se Servirá(n) Ud.(s) Pagar Solidariamente en Por esta
Única de Cambio sin Protesto Excusado el Aviso de Rechazo y la Presentación para el Pago,
a la Orden de C La Cantidad de
Pesos M/L más intereses Durante el Plazo del % de Mora del % Mensuales
Atentamente.
A (no firmado)
(Girados) Dirección Tel.
Dirección Tel.
Dirección Tel.

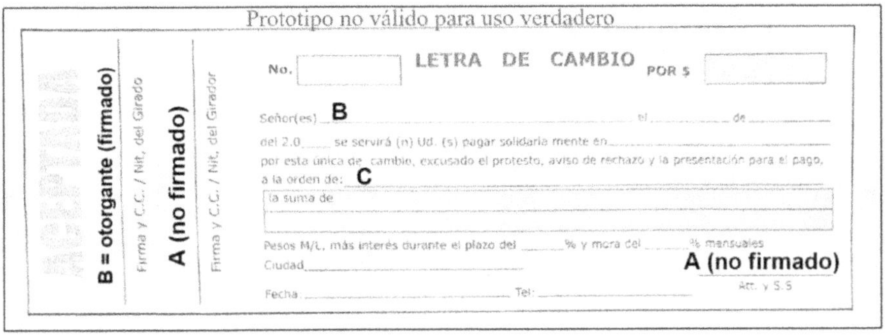
Prototipo no válido para uso verdadero
B = otorgante (firmado)
Firma y C.C. / Nit, del Girado
A (no firmado)
Firma y C.C. / Nit, del Girador
No. LETRA DE CAMBIO POR $
Señor(es) B el de
del 2.0 se servirá (n) Ud. (s) pagar solidaria mente en
por esta única de cambio, excusado el protesto, aviso de rechazo y la presentación para el pago,
a la orden de: C
la suma de
Pesos M/L, más interés durante el plazo del % y mora del % mensuales
Ciudad
A (no firmado)
Att. y S.S.
Fecha Tel:

31. ECUACIONES A QUE SE REDUCE EL EVENTO DE LA LETRA NO FIRMADA POR EL GIRADOR

En términos de lógica matemática (si así se pudiere) el evento de la letra no firmada por el girador se reduciría a las ecuaciones que a continuación se estructuran:

30.1. Letra no firmada por el girador

La ecuación sería la siguiente:

Letra no firmada por el girador = No es letra de cambio.

30.2. Letra no firmada por el girador pero sí por el girado

Serían posibles a su turno las siguientes ecuaciones:

1). Letra no firmada por el girador pero sí por el girado = No es letra de cambio.

2). Aceptante de la letra $\cong$[131] Suscriptor del pagaré.

3). Girado-aceptante de una orden de pago $\cong$ Otorgante-suscriptor de una promesa de pago.

---

131 Léase *equivale a* o *se equipara a.*

4). Letra no firmada por el girador pero (o aunque) sí por el girado ≅ Pagaré.

Gráficamente los casos serían los siguientes:

. Letra a la orden del girador, sólo firmada por el girado:

Girado (entiéndase otorgante): B (firmado)	Girado: B Beneficiario: A
	Girador: A (no firmado)

. Letra a la orden de un tercero, sólo firmada por el girado:

Girado (entiéndase otorgante): B (firmado)	Girado: B Beneficiario: C
	Girador: A (no firmado)

215

32. COMENTARIOS A LAS LETRAS A CARGO DEL GIRADOR, QUE SÓLO FIRMA COMO GIRADO

Como se dijo atrás (numeral 2.9. del presente capítulo), una de las formas o diseños de letra es la *girada **a cargo del girador***, *que sólo **firma como girado***.   Corresponde a la que a continuación se reproduce (nuevamente), mismo modelo a partir del cual TRUJILLO CALLE desarrolla en la actualidad su tesis de conversión de la letra en pagaré[132]:

---

3. Letra sin firma del girador pero aceptada

Medellín, 1° de enero de 1999
Señor Pedro Pérez, sírvase pagar a la orden de Juan Ríos, la suma de $1.000,oo en Medellín, el 1° de enero del año 2000.

Pedro Pérez   Pedro Pérez
Girado (aceptó)   Girador (no firmó)

En el numeral 4.9. se dijo también que *letras giradas **a cargo del girador***, *que sólo **firma como girado***, son las que se elaboran así:

---

132 Ibíd., p. 395.

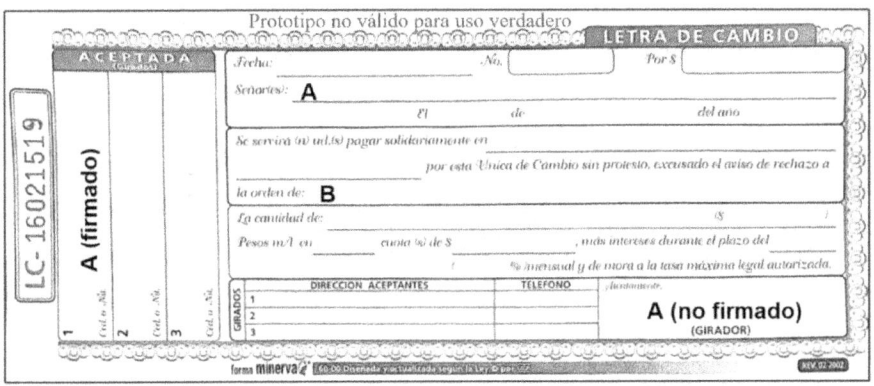

Se indicó en su momento, y se reitera ahora, que se trata de letras giradas a cargo del mismo girador que incluyen un espacio para la firma del girador y otro para la firma del girado, pero que sólo son suscritas en uno de los referidos espacios: el destinado a la firma del girado. En breves palabras, letras en las cuales el girador sólo firma como girado-aceptante. Se reseñó en igual forma –y se itera también– que al tratarse de letras giradas a cargo del mismo girador, son letras de cambio en la medida en que el girado-aceptante (y firmante) es el mismo girador y creador de los instrumentos. Y con mayor razón si se tiene en cuenta que el numeral 2º del artículo 621 del Código de Comercio, si bien establece que todo título valor debe llevar la firma de quien lo crea (en el caso de la letra de cambio la firma del girador), no exige que dicha rúbrica deba estar estampada en un espacio reservado específicamente para ello.

Se insiste del mismo modo en que, si a los citados tipos de letras se les negare la condición de letras de cambio, podrían ser consideradas como pagarés con base en los mismos planteamientos aquí expuestos en torno a la conversión de la letra en pagaré, *a fortiori* si se observa que se trata de letras en las cuales el girador, si bien no firma como tal, sí firma como girado-aceptante.

La solución que antecede tiene la virtud de enervar las excepciones *"fundadas en la omisión de los requisitos que el título deba contener y que la ley no supla expresamente"* (numeral 4° del artículo 784 del C. Co.), ya que con arreglo a la misma, la letra sin firma del girador –pero sí del girado– que cumpla todos los demás requisitos de ley, si bien no es letra de cambio, es sí pagaré.

33. MECANISMO DE DEFENSA DEL GIRADO Y SUSCRIPTOR DE LA LETRA NO FIRMADA POR EL GIRADOR

A pesar de lo dilucidado, todo hecho o circunstancia invalidante, impeditivo o modificatorio de la obligación a cargo del girado y suscriptor de una letra no firmada por el girador, que fuere tratada como pagaré, podría ser propuesto, cuando fuere conducente, como excepción del demandado *"contra el demandante que hubiere sido parte en el respectivo negocio o contra cualquier otro demandante que no sea tenedor de buena fe exenta de culpa"*, según lo prevé el numeral 12 del artículo 784 del Código de Comercio. Y con mayor razón podría ser propuesto como excepción del demandado contra el demandante en el evento en que al documento no le fuere reconocido el carácter de título valor, dado que en tal caso operarían con menos estrictez, si acaso la conservaren, los principios de literalidad, autonomía e incorporación.

No puede perderse de vista que, interpartes, el principio de la literalidad sucumbe ante los pormenores que califican y cualifican la relación causal que da lugar a la emisión o transferencia del título. Acerca de este particular la CSJ se ha pronunciado diciendo:

*"La literalidad, en particular, determina la dimensión de los derechos y las obligaciones contenidas en el título valor, permitiéndole al tenedor atenerse a los términos del documento, sin que, por regla general, puedan oponérsele excepciones distintas a las que de él surjan. Es de ver, con todo, que por cuanto la consagración de la literalidad es una garantía para quien desconoce los motivos que indujeron la creación o la emisión del título, o ignora los convenios extracartulares entre quienes tomaron parte antes que él en su circulación, es obvio que ella está consagrada exclusivamente en beneficio de los terceros tenedores de buena fe, pues este principio no pretende propiciar el fraude en las relaciones cambiarias. **Es apenas lógico entender el por qué no puede predicarse absolutamente***

la literalidad entre quienes han sido partícipes del negocio causal o subyacente, determinante de la creación o la emisión del título valor, ya que en este caso no estaría en juego la seguridad en el tráfico jurídico, previsto como razón fundamental para su consagración legal. Por idéntico motivo, el alcance de presunción legal que ostenta este principio respecto de terceros, en el sentido de considerar que la existencia y magnitud del derecho se condiciona y mide por el contenido del documento mismo, cede ante la prueba que acredite el conocimiento de los mismos en torno a la situación subyacente, constitutiva de excepción personal frente a él (art. 784 del C. de Co.).

Vista de ese modo la incidencia del negocio causal en la relación cambiaria, procede señalar el desacierto en que incurre un juzgador cuando haciendo abstracción de la misma, regula, en relación con las partes, aspectos atinentes a la fecha del endoso o a la naturaleza de éste, con sujeción exclusiva a la literalidad de los títulos valores, bajo el entendimiento de que ella prima sobre aquella relación material"[133]. (Las negrillas son del texto original).

"(...) está fuera de discusión que el principio de autonomía sólo tiene aplicación en los casos en que el título ha circulado

133 CSJ, C, Sentencia de Casación de 19 de abril de 1993, M. P. Eduardo GARCÍA SARMIENTO, en *G. J.* t. CCXXII, pp. 364 y 365.

cambiariamente y frente a tenedores de buena fe exenta de culpa, pero no cuando el litigio cambiario se presenta entre quienes fueron parte en el negocio subyacente a la transferencia del título, como tampoco frente a tenedores de mala fe. Es más, si el título no circuló y la controversia cartular se presenta con un demandante que integró la relación originaria, es incontestable que, en tal hipótesis, no se puede frustrar el análisis y eventual éxito de una excepción cuyos hechos se soporten en dicho negocio causal, so capa de que uno es el título-valor y otro su negocio subyacente, pues con ello se desfigura el principio de autonomía, amén de perderse de vista que todo conflicto que surja entre partes cambiarias directamente vinculadas por el negocio que le sirvió de manantial al instrumento negociable —lato sensu— o a su transferencia, se resuelve en esa operación precedente"[134].

Justamente, el marco jurídico que disciplina los títulos valores permite afirmar que el constituyente de un CDT tiene derecho a que la entidad captadora lo tenga como acreedor y le pague oportunamente el importe convenido, sin que pueda excusarse de atender ese débito pretextando que los recursos invertidos fueron proveídos por un tercero. Pero en cualquier contexto distinto del cambiarlo, no, existe razón para entender inmutable la verdad formal que surge del texto literal del documento.

---

134 CSJ, C, Sentencia de Tutela de 2 de agosto de 2005, M. P. Carlos Ignacio JARAMILLO JARAMILLO.

(...)

(i) Es cierto que, por regla general, los títulos valores son documentos que se presumen auténticos (artículo 244, Código General del Proceso), por lo que su contenido, por vía general, debe considerarse como una expresión cierta de la voluntad de sus signatarios. Sin embargo, ello no equivale a decir que las manifestaciones que allí se incluyen deben ser tenidas indefectiblemente como ciertas, pues el ordenamiento no prohíbe desvirtuarlas.

Dicho de otro modo, aunque se dijera que la condición de acreedor cambiario conlleva la titularidad del activo dinerario representado en un título valor, como pretende hacerlo el convocante, tal presunción sería de aquellas que admiten prueba en contrario, de modo que podría ser perfectamente derruida a través del concienzudo análisis de medios de convicción que mostraran una realidad distinta a la que refleja el cartular.

A ello cabe añadir que si bien las excepciones derivadas del negocio jurídico que dio origen a la creación o transferencia del título solo pueden ser esgrimidas contra quien haya sido parte en el respectivo negocio, conforme lo dispone el numeral 12 del artículo 784 del Código de Comercio, tal situación es ajena al presente debate, no solo porque aquí no se ejerció la acción cambiaria, sino también porque todas las partes (...)

223

participaron -directamente o a través de su causante- del iter negocial que finalizó con la expedición de los CDT, bonos y TES en contienda"[135].

En el mismo sentido el Consejo de Estado ha dicho:

"Las consecuencias son diferentes si el título ha circulado o si no ha sido negociado. En efecto, cuando el título circula, se hace efectiva la regla contenida en los numerales 1 a 11 del artículo 784, según la cual al tenedor de un título (si es diferente de la persona que fue parte en el contrato subyacente) sólo se le pueden oponer las excepciones cambiarias, es decir las referidas al título mismo, no las que se relacionan con el negocio causal. Con ello, dice César Darío Gómez, se busca facilitar 'la circulación del título, que nace para circular y no para permanecer 'capturado' entre las partes primitivas de la relación' (Títulos Valores, Editorial Temis S.A. Bogotá. 1996, pág. 205). La idea es garantizar al tercero de buena fe, tenedor de un título, que su crédito será saldado por el deudor, se trata de 'salvaguardar el crédito... protegiendo al portador que de buena fe confíe en ella' (Gómez, César Darío. Op Cit. P 205).

En cambio, si nunca se negoció el título, si permaneció siempre entre las partes del contrato originario, no opera 'el fenómeno de la

---

135 CSJ, C, SC de 13 de octubre de 2020, M. P. Luis Alfonso Rico Puerta, publicada en: *Jurisprudencia y Doctrina*, t. XLIX, N° 587, nov. de 2020, pp. 1828 y 1829, Bogotá, Legis.

inoponibilidad de excepciones, porque recobra su aplicabilidad el derecho común en toda su extensión. El fenómeno de la inoponibilidad de excepciones 'no es el efecto del carácter de circulabilidad impreso al título por su suscriptor, sino que es la consecuencia de su efectiva circulación' (FERRI en Estudios en Homenaje a Garrigues, t II, p 318)'

En otros términos, la limitación de las excepciones que pueden oponerse al tenedor de un título valor de contenido crediticio, por razón del principio de abstracción, está condicionada a que tal título haya circulado, pues si ello no ha sucedido, nuestra legislación entiende que la obligación cartular sigue regida por la disciplina propia del contrato.

Como dice Ferri (citado por Despouy, OP cit- P 479), 'el título de crédito en las manos del contratante no es, si se consiente la expresión, un verdadero título de crédito, es un simple documento de la estimación', pues su función es muy limitada debido a que las relaciones entre las partes inmediatamente vinculadas se resuelven 'con base en las llamadas relaciones subyacentes, relaciones fundamentales o relaciones causales, es decir con la operación jurídica que origina la emisión o transferencia del título' (PEÑA CASTRILLÓN, Gilberto. Op Cit. P 22).

Puede decirse, entonces, que de acuerdo con la previsión del numeral 12 del artículo 784 del C.Co., respecto de las partes del contrato originario, el título no adquiere la abstracción que se predica del mismo frente a terceros ajenos al negocio. Entre las partes regirán las normas que regulan el contrato que las

225

relaciona.   Yadarola explica que *'si el documento hubiera de quedar en poder del tomador, todo el sistema jurídico en que se asientan los títulos de crédito habría perdido su razón de ser, puesto que las relaciones entre contratantes inmediatos encuentran su regulación en las normas comunes'* (Citado por Despouy, Op Cit. P 478 – 479).

La diferencia que hace la ley en materia de excepciones oponibles al acreedor cambiario, lleva al intérprete a deducir que el código de comercio aplica, según el caso, distintas teorías sobre la causalidad del título: El principio de la abstracción cambiaria, según el código, se aplica a los títulos crediticios cuyo tenedor es un tercero (diferente de las partes del contrato originario), y rige en favor de esos terceros siempre que sean de buena fe, porque para ellos es irrelevante el negocio causal del título dado que su interés se reduce al derecho cartular tal como ha sido incorporado y según su tenor literal; por eso pueden exigir 'al deudor la satisfacción de la pretensión sin tener que probar la validez de la causa' (GÓMEZ, César Darío. Op Cit. P 205).

La teoría de la causalidad, por su parte, se aplica a los títulos crediticios que no han salido de manos de las partes del contrato subyacente, pues, en ese caso, sus relaciones están regidas por dicho contrato "[136].

---

136 Consejo de Estado, Sección Tercera, auto de 21 de febrero de 2002 (expediente 19.270, M. P. Ariel Eduardo HENRÍQUEZ ENRÍQUEZ) publicado en: *Jurisprudencia y Doctrina*, t. XXXI, No. 365, may. de 2002, pp. 1031 y 1032. Dicho pronunciamiento fue reiterado en auto de 7 de marzo de 2002 (expediente 19.057, M. P. Ariel Eduardo

Los citados precedentes judiciales son concordantes con la siguiente doctrina expuesta por VIVANTE:

"El que firma una letra de cambio se encuentra en una posición jurídica distinta según se halle frente a aquel con el cual trató o a un tercero extraño a esa relación.

Entre los dos primeros se explican las reglas sobre la validez y sobre los efectos de la relación que los ha puesto en contacto ….. Por el contrario, entre el deudor cambiario y el tercer poseedor, estas relaciones materiales no cuentan, no sobrepasan el ámbito de los contratantes ni siguen el título en su circulación"[137].

34. CONCLUSIÓN

En la anterior forma, y con enfoques y razonamientos diferentes a los hasta ahora exteriorizados, se acoge y defiende en la presente monografía la tesis que admite la conversión de la letra en pagaré, expuesta por TRUJILLO CALLE, quien, se rememora, es el más reconocido defensor de la tesis en mención en el derecho colombiano.

HENRÍQUEZ ENRÍQUEZ).

137 VIVANTE, César, citado por TRUJILLO CALLE, Bernardo, *La Contratación Mercantil –y otros aspectos comerciales–*, Colegio de Abogados de Medellín, Medellín, Biblioteca Jurídica Diké, 1ª ed., 1992, p. 174.

35. PRECISIÓN FINAL (LA CONVERSIÓN DE LA LETRA EN PAGARÉ ES TANTO DE TIPO FORMAL O INSTRUMENTAL COMO SUSTANCIAL O MATERIAL)

A manera de precisión final es pertinente decir que la conversión (cambiaria) de la letra en pagaré es tanto de tipo *formal o instrumental* como *sustancial o material*. Lo primero, porque afecta al documento, aspecto éste indiscutible; y lo segundo, porque involucra también al acto o declaración contenida en el instrumento, ya que el girado-aceptante de la letra es tratado como el suscriptor del pagaré.

Dejando de lado el análisis de si la letra no suscrita por el girador puede convertirse o no en pagaré, se anuncia desde ya que en el capítulo subsiguiente se analizará lo atinente a si el título valor ineficaz (el que no alcanza a ser tal), puede, bajo ciertas circunstancias, llegar a prestar mérito ejecutivo.

CAPÍTULO VI

MÉRITO EJECUTIVO DEL "TÍTULO VALOR" INEFICAZ

Con independencia de la operatividad o no de la conversión, en pagaré, de la letra no suscrita por el girador, corresponde ahora establecer si un título valor ineficaz, esto es el deficiente o incompleto por no reunir los requisitos esenciales del que se pretendió o creyó elaborar, puede, bajo ciertas condiciones, prestar mérito ejecutivo. Para el citado propósito es preciso referir:

1). En el derecho colombiano, todo título valor presta mérito ejecutivo en los eventos previstos en el artículo 780 del Código de Comercio (i. en caso de falta de aceptación o de aceptación parcial, ii. por falta de pago o de pago parcial, y iii. cuando el girado o el aceptante sean declarados en quiebra –hoy liquidación obligatoria o judicial, a partir de la entrada en vigencia de la Ley 222 de 1995 y las que la reforman, concretamente las leyes 550 de 1999 y 1116 de 2006, artículos 9, 11 y 14–, o en estado de liquidación, o se les abra concurso de acreedores, o se hallen en alguna situación semejante).

2). Todo título valor es título ejecutivo, mas no todo título ejecutivo es título valor.

La locución *título ejecutivo*, la asignada la ley (artículo 422 del Código General del Proceso –488 del Código de Procedimiento Civil–) a los documentos –y a cierto tipo de providencias– en que consten obligaciones *expresas*[138], *claras*[139] y *exigibles*[140] que provengan del deudor o de su causante y constituyan plena prueba contra él, una de cuyas especies es –ciertamente– el título valor. (*"El cobro de un título-valor dará lugar al procedimiento ejecutivo, sin necesidad de reconocimiento de firmas"*, reza el artículo 793 del C. Co.).

Al respecto, la CSJ, en sentencia STC290 del 1° de febrero de 2021 (M. P. Luis Armando TOLOSA VILLABONA), apuntó:

En reiteradas ocasiones esta Corte ha reiterado la imposibilidad de confundir el 'título ejecutivo con título valor', pues cada uno responde a características jurídicas que los diferencian, aspecto sobre el cual esta Corte ha advertido: '(...) todo título valor puede ser título ejecutivo pero no todo título ejecutivo es un título valor. A mayor abundancia, los títulos valores en nuestra legislación son de carácter taxativo, verbi gratia, sólo los así calificados por la ley son tenidos como tales (...)[141] *".*

3). Por lo antedicho, el que un documento determinado no contenga las menciones ni llene los requisitos exigidos en la ley, o presumidos por ésta para ser título valor (inciso 1° del artículo 620 del Código de Comercio), no excluye la posibilidad de que preste

---

138 Que definan de manera explícita la prestación debida.

139 Que contengan los elementos de la prestación referidos a su objeto, forma, modo de cumplimiento y sujetos acreedor y deudor.

140 Puras y simples; o de plazo vencido; y si sujetas a condición, cumplida ésta.

141 CSJ. A.C. de 1° de abril de 2008, exp. 2008-00011-00.

mérito ejecutivo, vale decir que sea *título ejecutivo*, toda vez que, en tanto la definición de *título valor* es proporcionada por una norma específica en la materia (artículo 619 del Código de Comercio), la de *título ejecutivo* es traída por una disposición de carácter más genérico: el artículo 422 del Código General del Proceso (488 del Código de Procedimiento Civil), que abarca a los títulos valores y demás documentos –incluidos cierto tipo de providencias según se indicó– en que consten obligaciones de las calidades y condiciones ya referidas.

No en vano el inciso 2° del artículo 620 del Código de Comercio advierte que la omisión de menciones y requisitos señalados o presumidos por la ley para que un documento sea título valor *"no afecta el negocio jurídico que dio origen al **documento** o al acto"* (se resalta), documento que, se enfatiza aquí, aunque no alcance a ser título valor puede sí llegar a reunir los requisitos de título ejecutivo, sin importar que en casos puntuales deba completarse con otros documentos o medios de prueba (p. ej. títulos ejecutivos complejos), si así fuere menester.

Corroboración de lo expuesto, es el siguiente apartado de la sentencia STC290 del 1° de febrero de 2021 antes citada:

> *Los requisitos impuestos a los títulos ejecutivos, consignados en el artículo 422 del Código General del Proceso, entendidos como documentos provenientes del deudor o de su causante en donde consten obligaciones claras, expresas y exigibles, por*

232

supuesto se trasladan a los títulos valores, cuando los documntos (sic) base de la ejecución de la obligación cambiaria no satisfacen plenamente el formalismos (sic) cambiario. En esta hipótesis, compete al juez, efectivizar el derecho de acceso a la justicia, de tal modo, que no puede predicar la inexistencia del título valor poreque (sic) no se cumpla un formalismo cartulario, sino que en su labor de hacer justicia, debe escrutar si, en subsidio o residualmente, existe un auténtico título ejecutivo para no truncar el derecho material demandado. De modo que, si el instrumento no satisface tales presupuestos, no puede sustraerse del análisis sustancial de la obligación y de la concurrencia o no de los requisitos del título ejecutivo para no esquilmar los derechos del acreedor en el cobro coercitivo, cuando da por agotado y sucumbe el examen del título valor".

En el anterior orden de ideas, el que un "título valor" ineficaz o incompleto no produzca los efectos de un título valor diferente al que se pretendió o creyó elaborar, y por ende no evidencie una conversión cambiaria, no impide que pueda ser un documento con mérito ejecutivo, en particular si en él consta(n) una o más obligaciones expresas, claras y exigibles provenientes del deudor o de su causante que constituyan plena prueba en su aquél.

CAPÍTULO VII

TABLA DE RESUMEN

Las soluciones expuestas en los dos capítulos precedentes, en torno a si la letra no firmada por el girador, pero sí por el girado, produce o no efectos de pagaré (Capítulo V) y si dicho tipo de letra presta mérito ejecutivo o no (Capítulo VI), son observables en la siguiente Tabla de Resumen, útil para el mejor entendimiento de los precitados fenómenos:

Método o fórmula aplicada	Resultado
Gramatical o literal (que atiende al tenor literal de la norma)	Es insuficiente para concluir si produce o no efectos de pagaré, ya que no existe norma que de manera expresa, y menos aún clara, regule los efectos que produce o deja de producir específicamente la letra sin firma del girador. Y tampoco se halla disposición alguna que en forma expresa preceptúe que dicho tipo de letra produce o deja de producir efectos de pagaré o de otro título valor.
Lógico (que busca determinar la relación natural en la que se hallan las diversas partes de la ley)	Resulta también insuficiente para concluir si produce o no efectos de pagaré, toda vez que, pese a que de los artículos 620 y 621, numeral 2°, del Código de Comercio se deduce que la letra sin firma del girador (creador del título) no produce efectos de letra de cambio, no es factible estimar que a la luz de las citadas normas dicho tipo de letra tampoco produce efectos de pagaré o de otro

234

	título valor, o que sí los produce.
Histórico (que tiene por objeto consultar la voluntad del autor de la ley)	Es, en igual forma, insuficiente para concluir si produce o no efectos de pagaré, por cuanto a la luz del mismo, sólo es posible reseñar: i) que, cronológicamente, desde el momento en que comenzó a regir el Código de Comercio Terrestre hasta el Proyecto de Código de Comercio de 1958 y puntualmente hasta el momento en que comenzó a regir el Código de Comercio, la letra sin firma del girador podía ser considerada como pagaré bajo las circunstancias previstas en las normas respectivas; y ii) que el Código de Comercio (hoy vigente) no conservó la tradición normativa de la figura debido a que se apegó al sistema del Proyecto Intal, que omitió referirse al mencionado fenómeno de manera expresa.
Sistemático (que se basa en examen de la norma a interpretar en concordancia con otras de la misma institución y reglas jurídicas)	Permite concluir que sí produce efectos de pagaré, con base en la siguiente interpretación: i) si el artículo 685 del Código de Comercio dispone que la sola firma del girado (obligado principal y directo) será bastante para que la letra de cambio se tenga por aceptada, ii) si en el pagaré el creador del título es el suscriptor u otorgante del mismo (obligado principal o directo), iii) si conforme al artículo 710 ibídem el aceptante de la letra de cambio se equipara al suscriptor del pagaré, y iv) si al tenor del artículo 711 ibídem, le son *"aplicables al pagaré, en lo conducente, las disposiciones relativas a la letra de cambio"*, <u>entonces</u> es perfectamente procedente reconocerle efectos de pagaré a la letra no firmada por el girador, pero sí por el girado-aceptante, dado, además, que, **por ser un documento *destinado a circular*,** le son aplicables las disposiciones del Título III del Libro Tercero del Código de Comercio (artículos 619 a 821 del Código de Comercio).

Teleológico o finalista (que busca desentrañar el fin o intención final de la legislación)	Lleva a concluir que sí produce efectos de pagaré, con sustento en la siguiente interpretación: i) la omisión de las menciones y requisitos señalados en la ley para que un documento o acto produzca los efectos previstos en el Título III del Libro Tercero del Código de Comercio *"no afecta el negocio jurídico que dio origen al documento o acto"* (inciso 2º del artículo 620 del Código de Comercio); ii) dichas menciones o requisitos pueden ser presumidas por la ley (enunciado final del inciso 1º del artículo 620 del Código de Comercio); iii) las normas que regulan la institución de los títulos valores se basan en la protección de los intereses del acreedor, más que en los del deudor (en la letra de cambio el girado es el deudor, lo mismo que ocurre con el suscriptor del pagaré, quien también es el deudor), iv) el propósito del girador-aceptante, o del girador y el girado (cuando son personas distintas) en una letra de cambio, al igual que el propósito del suscriptor del pagaré, no es otro que crear y emitir un título valor de contenido crediticio y por ende originar deudas autónomas, de suerte que las *"circunstancias que invaliden la obligación de alguno o algunos de los signatarios, no afectarán las obligaciones de los demás"* (artículo 627 del Código de Comercio); v) los obligados directos tanto en la letra de cambio como en el pagaré, que por disposición legal expresa (artículo 710 del Código de Comercio) se equiparan, son a la postre quienes, por ser deudores, por lo general reciben contraprestación. Y no es dable decir que la intención o propósito del aceptante de la letra de cambio es únicamente *aceptar una orden* y que la del suscriptor del pagaré es simplemente *otorgar una promesa*, pues tales *aceptación de orden* y *otorgamiento de promesa* no son en estricto rigor finalidades, sino formas de estructurarse el apremio obligado directo en uno y otro caso). Es más, en la letra de cambio el fin del girado es hacerse obligado directo (cual ocurre con el suscritor del pagaré), aparte de que se emite con

	el objeto de realizarle el pago al beneficiario, bien sea éste el girador (cuando la letra es girada a la orden del mismo girador), o bien sea un tercero. Sucede igual en el pagaré, el cual debe serle descargado al beneficiario, ya sea emitido a la orden o al portador.
Solución mediante la aplicación analógica y *mutatis mutandis* de la teoría de la conversión del contrato	También permite concluir que sí produce efectos de pagaré, por cuanto habría lugar a decir: *el título valor ineficaz o incompleto producirá los efectos de un título valor diferente, del cual contenga los requisitos esenciales y formales, si considerando el fin perseguido por el deudor y el beneficiario, deba suponerse que éstos, de haber conocido la ineficacia o falencia, habrían querido crear el título diferente.* Y de manera más específica habría lugar a decir: *la letra en que el girado es persona distinta del girador y adolezca de la falta de firma del girador producirá los efectos de pagaré, si considerando el fin perseguido por el girador y el girado (aceptante), deba suponerse que éstos, de haber conocido la ineficacia o falencia de la letra, habrían querido crear el pagaré.* Y en términos más concluyentes aún, *la letra no firmada por el girador, pero sí por el girado, producirá los efectos de pagaré, si considerando el fin perseguido por ambos, deba suponerse que éstos, de haber conocido la ineficacia o falencia de la letra, habrían querido crear el pagaré.*
Solución mediante la aplicación del principio de conservación del derecho y del efecto útil (que enseña que si un acto admite dos o más sentidos o interpretaciones debe prevalecer el	Permite inferir que sí produce efectos de pagaré, dado que, si la letra no suscrita por el girador pero sí por el girado-aceptante arroja dos posibles interpretaciones, una en el sentido de que surte efectos de pagaré y otra en el sentido de que no los produce, debe preferirse la que le reconoce efectos de pagaré.

más razonable dentro del ordenamiento jurídico como sistema)	
Mérito ejecutivo del "título valor" ineficaz	El que un "título valor" ineficaz o incompleto no produzca los efectos de un título valor diferente, y por ende no evidencie una conversión cambiaria, no excluye que pueda ser un documento con mérito ejecutivo, en particular si en él consta(n) una o más obligaciones expresas, claras y exigibles provenientes del deudor o de su causante que constituyan plena prueba contra aquél.

CAPÍTULO VIII

CONVERSIÓN EN EL TÍTULO VALOR
EN EL DERECHO COMPARADO

Las ideas, reflexiones y conclusiones consignadas en los capítulos precedentes, bien pueden ser adoptadas, y adaptadas, con los condignos ajustes a que hubiese lugar, en los distintos regímenes jurídicos, y en particular en los estatutos cambiarios de las diversas naciones que se ocupan, ya de manera expresa, ora en forma implícita, de aspectos inherentes al instituto de la *conversión en el título valor*, sea ésta *formal (o instrumental)*, o *sustancial (o material)*.

En correspondencia con lo anterior y en aras de promover la integración del fenómeno de la *conversión en el título valor* entre los diferentes órdenes jurídicos, se reseñan en los párrafos subsiguientes algunas premisas afines en el derecho comparado. Se incluyen, además, puntuales acotaciones que se consideran de utilidad.

1. CONVERSIÓN CAMBIARIA FORMAL (O INSTRUMENTAL) EN EL DERECHO COMPARADO

Conforme quedó elucidado líneas atrás (numeral 4.1. del Capítulo

240

IV), la *conversión cambiaria formal (o instrumental)*, es la que se predica del documento en sí, no de la declaración cambiaria o de los derechos incorporados en el título. A dicho tipo de conversión se refiere, en términos generales, el artículo 646 del Código de Comercio colombiano al establecer: *"Los títulos creados en el extranjero tendrán la consideración de títulos-valores si llenan los requisitos mínimos establecidos en la ley que rigió su creación"*. Y de modo más particular, el artículo 821 al preceptuar: *"Cuando en la ley o en los contratos se emplea la expresión 'instrumentos negociables' se entenderá por tal los títulos valores de contenido crediticio que tengan por objeto el pago de moneda"*.

Precisado lo anterior, es pertinente decir que algunos de los ordenamientos jurídicos (empezando por el colombiano) que admiten de manera expresa la *conversión cambiaria formal o instrumental en el título valor*, son:

Régimen	Normatividad	Comentario(s)
Colombia Código de Comercio	Art. 646.- *"Los títulos creados en el extranjero tendrán la consideración de títulos-valores si llenan los requisitos mínimos establecidos en la ley que rigió su creación".*	Admite la conversión formal o instrumental en cuanto dispone que los títulos creados en el extranjero tendrán [en Colombia] la consideración de títulos-valores si llenan los requisitos mínimos establecidos en la ley que rigió su creación.

	Art. 821.- *"Cuando en la ley o en los contratos se emplea la expresión 'instrumentos negociables' se entenderá por tal los títulos valores de contenido crediticio que tengan por objeto el pago de moneda".*	Un ejemplo en el consignado en el inciso 1° del artículo 1394 del Código de *Comercio,* que reza: *"Los bancos expedirán, a solicitud del interesado, certificados de depósito a término los que, salvo estipulación en contrario, serán* **negociables** –se resalta– *como se prevé en el título III del libro III de este código".*
Proyecto Intal	Art. 30.- *"Los títulos creados en el extranjero tendrán la consideración de títulos-valores si llenan los requisitos mínimos que esta ley establece".*	Admite también la conversión formal o instrumental, en cuanto prevé que los títulos creados en el extranjero tendrán serán considerados títulos-valores si cumplen los requisitos establecidos en el mismo Proyecto Intal. (No es suficiente la acreditación de los requisitos mínimos de la ley que rige su creación).
Bolivia Código de Comercio	Art. 513.- *"(Títulos creados en el extranjero). Los títulos - valores creados en el extranjero son válidos como tales si llenan los requisitos mínimos establecidos en su ley de origen y cuando además se cumplan las formalidades legales que se exijan al efecto dentro del territorio nacional".*	Admite la conversión formal o instrumental del título valor creado en el extranjero, siempre que el instrumento cumpla los requisitos mínimos establecidos en el país de origen y cumpla además los exigidos en el territorio boliviano.

EL Salvador

Código de Comercio | Art. 920.- *"La capacidad para emitir en el extranjero cualesquiera títulos valores o celebrar los actos que en ellos consignen, cuando hayan de producir efectos en el territorio nacional, se determinará conforme a la ley del país en que el título se emita o el acto se celebre".*

Art. 921.- *"Las condiciones esenciales para la validez de un título valor y la de los actos consignados en el mismo, o la de las obligaciones y responsabilidades que deriven del título o de los actos, se determinarán igualmente por la ley del lugar donde el título se emita o el acto se celebre".*

Art. 922.- *"No obstante lo dispuesto en el artículo que antecede, la invalidez de un acto, de una responsabilidad o de una obligación que se consigne en un título valor, o que de éste o de los actos deriven, no implica que los actos, responsabilidades u obligaciones posteriores se invaliden igualmente, si fueren válidos de acuerdo con las leyes del Estado en que se consignen o contraigan".*

Art. 923.- *"También se considerarán válidos y podrán producir efectos en el territorio salvadoreño, los títulos y actos consignados en ellos que llenen los requisitos de la ley de la* | Admite la conversión formal o instrumental de los títulos y actos en ellos consignados, los cuales se determinan, según corresponda, conforme a la ley del país en que se emita el título o se celebra el acto (artículos 920 a 922 y 924, primera parte), o con arreglo a la ley salvadoreña (artículos 923 y 924, segunda parte). |

	República, aun cuando carecieren de validez conforme a los del lugar en que el título se emita o el acto se celebre". Art. 924.- *"Los efectos de un título valor o de los actos que aparezcan en el mismo, serán regulados por las leyes del lugar donde el título deba ser pagado, en cuanto a los obligados directamente. En lo que se refiera a los obligados en vía de regreso, los efectos del título o del acto de que sean signatarios se regirán por las leyes del lugar donde la obligación les deba de ser exigida".*	
México Ley General de Títulos y Operaciones de Crédito (LGTOC) de 1932.	Art. 253.- *"Las condiciones esenciales para la validez de un título de crédito emitido en el extranjero y de los actos consignados en él, se determinan por la ley del lugar en que el título se emite o el acto se celebra. Sin embargo, los títulos que deban pagarse en México son válidos, si llenan los requisitos prescritos por la ley mexicana, aun cuando sean irregulares conforme a la ley del lugar en que se emitieron o se consignó en ellos algún acto".* Art. 254.- *"Si no se ha pactado de modo expreso que el acto se rija por la ley mexicana, las obligaciones y los derechos que se deriven de la emisión de un título en el extranjero o de un*	Admite la conversión formal o instrumental en cuanto dispone que los títulos de crédito emitidos en el extranjero pagaderos en México, son válidos si se ajustan a los requisitos de la ley mexicana, así sean irregulares conforme a la ley del lugar en que se emitieron o se consignó en ellos algún acto.

acto consignado en él, si el título debe ser pagado total o parcialmente en la República, se regirán por la ley del lugar del otorgamiento, siempre que no sea contraria a las leyes mexicanas de orden público".

Art. 255.- *"Los títulos garantizados con algún derecho real sobre los inmuebles ubicados en la República, se regirán por la ley mexicana en todo lo que se refiere a la garantía".*

Art. 256.- *"Los plazos y formalidades para la presentación, el pago y el protesto del título se regirán por la ley del lugar en que tales actos deban practicarse".*

Art. 257.- *"La adopción de las medidas prescritas por la ley del lugar en que un título haya sido extraviado o robado, no dispensan al interesado de tomar las medidas prescritas por la presente ley, si el título debe ser pagado en el territorio de la República".*

Art. 258.- *"Se aplicarán las Leyes mexicanas sobre prescripción y caducidad de las acciones derivadas de un título de crédito, aun cuando haya sido emitido en el extranjero, si la acción respectiva se somete al conocimiento de los tribunales mexicanos".*

	Art. 483.- *"La capacidad de una persona para obligarse por medio de la letra de cambio se determina por la ley nacional. Si esta ley declara competente la de otro Estado, esta última es la que se aplica.*	Admite la conversión formal o instrumental siempre que el título se ajuste a la ley nacional, o a la ley de otro Estado si aquella así lo establece.
	La persona que sea incapaz, según la regla determinada en el párrafo anterior, estará, sin embargo, válidamente obligada si lo ha sido con anterioridad en el territorio de un Estado, según cuya legislación sería capaz".	
Venezuela Código de Comercio	Art. 484.- *"La forma de las obligaciones contraídas en materia de letras de cambio se regula por la Ley del Estado, sobre cuyo territorio dichas obligaciones han sido contraídas".*	
	Art. 485.- *"Las formas y los términos del protesto, así como los otros actos necesarios para el ejercicio o la conservación de los derechos en materia de la letra de cambio, se regulan por la Ley del Estado en cuyo territorio debe ser sacado el protesto o realizado el acto en cuestión".*	

2. CONVERSIÓN CAMBIARIA SUSTANCIAL (O MATERIAL) EN EL
   DERECHO COMPARADO

Según se observó también (numeral 4.2. del Capítulo IV), la *conversión sustancial (o material)* en el título valor se circunscribe, no al documento en sí, sino a la declaración cambiaria o derechos en él incorporados. Sobre el referido tipo de conversión versan numerosas disposiciones del Título III (De los Títulos Valores) del Libro Tercero (De los Bienes Mercantiles) del Código de Comercio colombiano (artículos 619 a 821), que sin negarle eficacia al documento como título valor, le asignan, sí, efectos específicos a diferentes clases de omisiones o anotaciones inmersas en el instrumento.

Como podrá recordarse, en dicho acervo normativo se identifican más de treinta situaciones diferentes que le atribuyen puntuales alcances a diversas clases de enunciados o falencias previsibles en los títulos valores.

Sobre el particular y en lo que concierne al derecho comparado, es dable decir que los distintos *Órdenes Jurídicos*[142], en

---

142 En interesante aclaración de voto consignada por el magistrado Jaime ARAUJO RENTERÍA en la sentencia C-1038 de 2002, se incluye la distinción entre los conceptos *Orden Jurídico* (normas vigentes –sea expresas, sea implícitas– en un momento y lugar determinado), *Sistema Jurídico* (normas vigentes y derogadas), y *Sistema Normativo* (normas vigentes).

Se indica en la aludida aclaración de voto que por **Orden Jurídico** se entiende *"el conjunto de normas vigentes en un momento y en un lugar determinado"* [se subraya]. Forman parte del mismo *"no sólo las normas expresamente promulgadas sino también aquéllas que sin haber sido expresamente promulgadas puedan derivarse o deducirse*

torno a las disímiles instituciones que los integran, suelen incorporar reglas más o menos uniformes, sean éstas de tradición romano-germánica (*civil law*), o anglosajona (*common law*), en cuanto es así como funciona la evolución del derecho en las diferentes naciones.

Precisamente, en lo atinente a ordenamientos de linaje romano-germánico, el *Código Civil de Napoleón de 1804*, implementado en Francia, sirvió de referente a muchos otros Estados, tanto europeos (entre ellos Bélgica, Italia, Holanda, Luxemburgo, Países Bajos y Polonia), como del continente americano (Argentina, Bolivia, Chile, Colombia, Costa Rica, Ecuador, El Salvador, Nicaragua, Perú, República Dominicana y Venezuela).

Más todavía (y para la reflexión del amable lector), a manera de *anécdota política*, Benjamín ARDILA DUARTE tiene registrado:

"El plagio en el derecho privado y público ha sido una constante en la vida jurídica colombiana. Nuestro Código Civil vino de Chile redactado, ampliamente, por don Andrés Bello, a su vez heredero del inspirado por Napoleón, y este último por el

---

lógicamente de las primeras".

El concepto de **Sistema Jurídico** *"comprende las vigentes y las derogadas".* Hace alusión a la sucesión de órdenes jurídicos *"(e)s muy útil para explicar temas como el de la ultractividad de la ley y hace comprensible el fenómeno de normas derogadas que siguen, sin embargo, produciendo efectos jurídicos".* *"De tal manera que forma parte del sistema jurídico las normas que una vez estuvieron vigentes y que ahora se encuentran derogadas".*

El concepto de **Sistema Normativo**, en cambio, *"sólo comprende las normas vigentes".*

romano Plan *de Gayo. Nuestro Concordato de 1887 se atribuye*
a Rafael Núñez y es calcado del ecuatoriano del dictador García
Moreno. Y la Constitución de Caro rigió más de cien años y
venía de la española que le precedió una década"[143].

Lo cierto es que, en lo tocante al instituto de los títulos valores, las normas que los rigen son similares en variados aspectos y en diferentes naciones, lo que explica, entre otras particularidades, que la Ley Uniforme de Ginebra de 1930 (*Sobre Letras de Cambio y Pagarés*), que ha servido de referente para el diseño e implementación de normas sobre la materia en diversos países, haya sido suscrita por pluralidad de Estados[144]. Prueba concreta de ello y conforme se verá más adelante, es que en punto a la equiparación del *suscriptor del pagaré* al *aceptante de la letra de cambio* son análogas las legislaciones de Argentina, Bolivia, Colombia, Costa Rica, El Salvador, Francia, Guatemala, Honduras, México, Nicaragua, Panamá y Venezuela, sin descartar otros ordenamientos.

---

[143] ARDILA DUARTE, Benjamín, *Anecdotario Político,* en: (periódico) *Ámbito Jurídico*, año XXV, N° 595 (10 al 23 de octubre de 2022), p. 22.

144 Los países que suscribieron la Ley Uniforme de Ginebra fueron: Alemania, Austria, Bélgica, Brasil, Checoslovaquia, Colombia, Dantzig, Dinamarca, Ecuador, España, Finlandia, Francia, Grecia, Hungría, Italia, Japón, Luxemburgo, Noruega, Países Bajos, Perú, Polonia, Portugal, Suecia, Suiza, Turquía y Yugoslavia. *"Al día de hoy rige los títulos-valores en Austria, Alemania, Azerbaiyán, Bélgica, Bielorrusa, Brasil, Dinamarca, Finlandia, Francia, Grecia, Holanda, Hungría, Italia, Japón, Kazajstán, Lituania, Luxemburgo, Mónaco, Noruega, Polonia, Portugal, Suecia, Suiza, Surinam, Ucrania y Unión Soviética".* (Información disponible en https://www.eumed.net/libros-gratis/2011a/934/Tratamiento%20en%20legislaciones%20de%20algunos%20paises%20de%20Europa%20y%20America%20Latina.htm).

Es por las anotadas razones que no escapa a la anunciada dinámica (de la adopción de reglas más o menos uniformes por parte de las distintas naciones), el fenómeno de la conversión sustancial (o material) en el título valor o documento afín, llámese éste instrumento negociable, título de crédito, etc.

Bien puede decirse entonces que la *conversión cambiaria sustancial o material* opera en innumerables órdenes jurídicos, en cuanto es apenas natural que en todos ellos existan normas reguladoras de aspectos inherentes a las anotaciones u omisiones subsumidas en los títulos valores o instrumentos afines.

3. ORDENAMIENTOS EN LOS CUALES LA LETRA EN QUE FALTA LA FIRMA DEL CREADOR NO VALE COMO LETRA DE CAMBIO

En punto a la letra sin firma del creador, se enlistan a continuación, por vía de ejemplo, algunos órdenes jurídicos que aluden al fenómeno de la conversión formal o instrumental en su arista negativa[145]. En ellos la letra no firmada por girador, pero sí por el girado, no vale como letra de cambio, lo que –no sobra agregar, conforme se advirtió en el numeral 25.2. del Capítulo V (sobre método lógico de interpretación)– no obsta para que ese tipo de letra pueda tener validez como una especie de título valor diferente, o incluso como otro tipo de documento con mérito ejecutivo:

---

145 A tal tipo de conversión se refiere el numeral 11.2. del Capítulo V de la presente monografía.

Régimen	Normatividad
Argentina Decreto-Ley 5965 de 1963 (Letras de Cambio y Pagarés)	Art. 1.- *"1. La letra de cambio debe contener:* *(...)* *8°. La firma del que crea la letra (librador)".* Art. 2. *"El título al cual le falte alguno de los requisitos enumerados en el artículo precedente no es letra de cambio (...)".*
Bolivia Código de Comercio	Art. 541.- *"La letra de cambio debe contener:* *1) La mención de ser letra de cambio inserta en su texto;* *2) El lugar, el día, mes y año en que se expida;* *3) La orden incondicional al girado de pagar una suma determinada en dinero;* *4) El nombre de la persona a quien debe hacerse el pago;* *5) El nombre del girado, dirección y lugar de pago;* *6) Fecha de pago o forma de vencimiento; y* *7) La firma del girador, seguida de su propio nombre y domicilio.* *La letra que omita alguna de los requisitos enumerados en este artículo no produce efectos de letra de cambio, salvo en los casos señalados en este Capítulo".*
	Art. 727.- *"La letra de cambio deberá contener:* *a) La denominación de letra de cambio inserta en su texto y expresado en la lengua en que la letra esté redactada;* *b) El mandato puro y simple de pagar determinada*

Costa Rica Código de Comercio	*cantidad;* *c) El nombre de la persona que ha de pagar;* *d) Indicación del vencimiento;* *e) Indicación del lugar en que se ha de efectuar el pago;* *f) El nombre de la persona a quien se ha de hacer el pago o a cuya orden se ha de efectuar;* *g) Indicación de la fecha y lugar en que la letra se libra; y* *h) La persona que emite la letra (librador)"* **Art. 728.-** *"El documento que carezca de alguno de los requisitos que se indican en el artículo precedente, no valdrá como letra de cambio, salvo en los casos señalados en éste.* *La letra de cambio cuyo vencimiento no esté indicado, se considerará pagadera a la vista.* *A falta de indicación especial, el lugar designado junto al nombre del librado se considerará como domicilio de éste y como lugar del pago.* *La letra de cambio que no indique el lugar de su emisión, se considerará librada en el lugar designado junto al nombre del librado".*
Francia	**L. 511-1.-** *"I. La letra de cambio deberá incluir:* *(...)* *8° La firma de la persona que emite la letra, denominada librador. Se ha de firmar a mano o por cualquier otro procedimiento no manuscrito.* *II. - El documento que carezca de alguno de los requisitos que se indican en el punto I no será válido como letra de*

Código de Comercio	*cambio (...)"*. Comentario: La jurisprudencia francesa ha admitido que, aunque la letra incompleta no valga como letra de cambio, puede tener otro valor jurídico. Consecuente con ello ha llegado a considerar tal especie de título (nulo como letra de cambio), *"como 'billet' a la orden, como simple título civil (promesa de pago o reconocimiento de deuda) o incluso como medio de prueba (principio de prueba por escrito en el sentido del art. 1.347 del Code civil)"*[146].
Nicaragua Código de Comercio	Art. 600.- *"La Letra de Cambio contiene:* *(...)* *8. La firma de la persona que emite la letra (librador).* C. Co. Art. 601.- *"El título en se omita alguna de las enunciaciones indicadas en el artículo precedente, no valdrá como letra de cambio (....)"*. Comentario: De manera expresa establece que la letra en que se omita la firma de quien lo emite *"no valdrá como letra de cambio"*.
Panamá Ley 52 de 1917 de 13 de marzo de 1917 Sobre Documentos Negociables	Art. 839.- *"La letra de cambio deberá contener:* *(...)* *8. La firma de la persona que emite la letra (librador o girador).* C. Co. Art. 840.- *"El efecto en el cual falte una de las condiciones enunciadas en el precedente artículo, no será válido como letra de cambio (....)"*.
	Art. 411.- *"El título en el cual falte uno de los requisitos enunciados en el artículo precedente, no vale como tal*

146 DÍEZ SOTO, Carlos Manuel, Op. Cit., p. 35.

Venezuela Código de Comercio	*letra de cambio, salvo en los casos determinados en los párrafos siguientes:* *La letra de cambio que no lleve la denominación 'letra de cambio', será válida siempre que contenga la indicación expresa de que es a la orden.* *La letra de cambio cuyo vencimiento no esté indicado, se considerará pagadera a la vista. A falta de indicación especial, se reputa como lugar del pago y del domicilio del librado, el que se designa al lado del nombre éste.* *La letra de cambio que no indica el sitio de su expedición, se considera como suscrita en el lugar designado al lado del nombre del librador".*

4. ORDENAMIENTOS QUE EQUIPARAN EL SUSCRIPTOR DEL PAGARÉ AL ACEPTANTE DE LA LETRA DE CAMBIO

Los que se enuncian enseguida, son, también por vía de ejemplo, algunos de los órdenes jurídicos que equiparan el suscriptor del pagaré al aceptante de la letra de cambio (salvo el caso de Venezuela, que guarda silencio sobre el particular), a la par que disponen (incluido Venezuela), que al pagaré le son aplicables normas relativas a la letra de cambio:

Régimen	Norma de equiparación	Norma de reenvío
Colombia Código de	Art. 710.- *"El suscriptor del pagaré se equiparará al aceptante de una letra*	Art. 711.- *"Serán aplicables al pagaré, en lo conducente, las disposiciones relativas a la letra*

Comercio	*de cambio".*	*de cambio".*
Ley Uniforme de Ginebra de 1930 Sobre Letras de Cambio y Pagarés	**Art. 78.-** *"El que firma un pagaré a la orden queda obligado de la misma manera que el aceptante de una letra de cambio.* *Los pagarés a la orden pagaderos a un cierto plazo sobre la vista deben ser presentados al visado del que los ha firmado en los plazos fijados en el artículo 23. El plazo sobre la vista corre desde la fecha del visado firmado por el suscribiente sobre el pagaré. La negativa del mismo a dar su visado fechado se acredita mediante un protesto (artículo 25), cuya fecha servirá de punto de partida al plazo sobre la vista".*	**Art. 77.-** *"Son aplicables al pagaré a la orden, en tanto no sean incompatibles con la naturaleza de este título, las disposiciones relativas a la letra de cambio y referentes:* *Al endoso (artículos 11 al 20).* *Al vencimiento (artículos 33 al 37).* *Al pago (artículos 38 al 42).* *A las acciones por falta de pago (artículos 43 a 50 y 52 a 54).* *Al pago por intervención (artículos 55, 59 a 63).* *A las copias (artículos 67 y 68).* *A las alteraciones (artículo 69).* *A la prescripción (artículos 70 y 71).* *A los días feriados, a la computación de los plazos y a la prohibición de los días de gracia (artículos 72, 73 y 74).* *Son también aplicables al pagaré a la orden las disposiciones referentes a la letra de cambio pagadera en casa de un tercero o en una localidad distinta de la del domicilio del librado (artículos 4 y 27); la estipulación de intereses (art. 5); las diferencias de enunciación relativas a la cantidad a pagar (artículo 6); las consecuencias de estampar una*

		firma en las condiciones señaladas en el artículo 7; las de la firma de una persona que actúa sin poderes o excediendo éstos (artículo 8), y la letra de cambio en blanco (artículo 10).
		Son igualmente aplicables al pagaré a la orden las disposiciones relativas al aval (artículos 30 al 32); en el caso previsto en el artículo 31, último párrafo, si el aval no indica por cuenta de quién ha sido dado, se reputa haber sido hecho por cuenta del que ha firmado el pagaré a la orden.
Proyecto Intal	Art. 99.- *"El suscriptor del pagaré se considerará como aceptante de una letra de cambio, salvo para lo relativo a las acciones causales y de enriquecimiento, en cuyos casos se equiparará al girador".*	Art. 100.- *"Serán aplicables al pagaré, en lo conducente, las disposiciones relativas a la letra de cambio".*
	Art. 104.- *"El suscriptor del vale o pagaré queda obligado de la misma manera que el aceptante de una letra de cambio".*	Art. 103.- *"Son aplicables al vale o pagaré, en cuanto no sean incompatibles con la naturaleza de este título, las disposiciones de la letra de cambio relativas al endoso (artículos 12 a 22); al vencimiento (artículos 35 a 39); al pago (artículos 40 a 45); a los recursos por falta de aceptación y por falta de pago y al protesto (artículos 46 a 54 y 56 a 73); al pago por intervención (artículos 74 y 78 a 82); a las copias*

Argentina Decreto-Ley 5965 de 1963 (Letras de Cambio y Pagarés)		*(artículos 86 y 87), a las alteraciones (artículo 88); a la prescripción (artículos 96 y 97); a los días feriados; al cómputo de los términos y a la prohibición de acordar plazos de gracia (artículos 98 a 100). Son igualmente aplicables al vale o pagaré las disposiciones establecidas para la letra de cambio pagable en el domicilio de un tercero o en otro lugar distinto del domicilio del girado (artículos 4° y 29); las relativas a la cláusula de intereses (artículo 5°); a las diferencias en la indicación de la suma a pagarse (artículo 6°); a los efectos de las firmas puestas en las condiciones previstas por el artículo 7°; a las firmas de personas que invocan la representación de otras sin estar facultadas para ese acto o que obran excediendo sus poderes (artículo 8°) y a la letra de cambio en blanco (artículo 11). Son igualmente aplicables al vale o pagaré las disposiciones relativas al aval (artículos 32 a 34), si el aval, en el caso previsto por el artículo 33, último párrafo, no indicara por cuál de los obligados se otorga, se considera que lo ha sido para garantizar al suscriptor del título. Se aplicarán también al vale o pagaré las disposiciones relativas a la cancelación, de la letra de cambio (artículos 89 a 95). Son aplicables al pagaré a ser negociado en los mercados registrados ante la Comisión Nacional de Valores las disposiciones citadas en el*

		párrafo precedente en cuanto no sean incompatibles con la naturaleza de este título y las particularidades de su negociación, así como las condiciones que a continuación se detallan:
		a) Deben incorporar la cláusula 'sin protesto', la que surtirá efectos respecto del incumplimiento de cualquiera de las cuotas;
		b) Deberán incorporar la cláusula 'para su negociación en Mercados registrados en la Comisión Nacional de Valores';
		c) De los pagos de las cuotas quedará constancia en el resumen de cuenta que emita el agente que ejerza la función de custodia, registro y/o pago, conforme a la reglamentación que dicte la Comisión Nacional de Valores, contra las cuentas comitentes administradas en el marco de sus funciones;
		d) La Comisión Nacional de Valores como autoridad de aplicación determinará las obligaciones de los agentes que ejerzan la función de custodia, registro y/o pago en relación a la validación de la información inserta en el pagaré, así como la verificación del cumplimiento de los aspectos formales del mismo. En ningún caso el agente estará obligado a su pago, ni generará obligación cambiaria, ni será responsable por sus defectos

258

		formales, ni por la legitimación de los firmantes o la autenticidad de las firmas en los pagarés; *e) El pagaré emitido en los términos de la presente podrá ser negociado en los mercados registrados ante la Comisión Nacional de Valores de conformidad con las normas que dicte la autoridad de aplicación;* *f) Los pagarés gozan de oferta pública en los términos de la ley 26.831 y sus modificaciones y podrán ser negociados en mercados registrados ante la Comisión Nacional de Valores siempre que los mismos reúnan los requisitos que establezcan las normas que dicte dicha comisión como autoridad de aplicación, y le serán aplicables las exenciones impositivas correspondientes a valores negociables con oferta pública;* *g) La custodia y/o registro del pagaré no transfiere al agente la propiedad ni su uso por lo tanto, sólo deberá conservar y custodiar los mismos y efectuar las operaciones y registraciones contables indicadas en la ley 20.643 y sus modificatorias o lo que resuelva la Comisión Nacional de Valores como autoridad de aplicación;* *h) El domicilio del agente que ejerza la función de custodia será el lugar de pago del pagaré".*

Bolivia Código de Comercio	Art. 596.- *"El suscriptor de un pagaré tiene la calidad de aceptante de una letra de cambio".*	Art. 599.- *"Son aplicables al pagaré, mientras no sean incompatibles con la naturaleza de este capítulo, las disposiciones –relativas a la letra de cambio– previstas en los artículos 544 último párrafo, 558, 559, 560, 561, 562, 563, 564, 566, 567, 568, 569, 570, 2° párrafo, 573, 574, 575, 576, 577, 578, 580, inciso 2°, 581, 582, 583, 585, 586, 587, 588, 589, 590 y 591".*
Chile Ley 18.092 Sobre Letras de Cambio y Pagarés	Art. 106.- *"El suscriptor de un pagaré queda obligado de igual manera que el aceptante de una letra de cambio".*	Art. 107.- *"En lo que no sean contrarias a su naturaleza y a las disposiciones del presente título son aplicables al pagaré las normas relativas a la letra de cambio".*
		Art. 802.- (*)*"Serán aplicables al pagaré, mientras ello no sea incompatible con la naturaleza de este título, las disposiciones relativas a la letra de cambio y referentes:* *a) Al endoso;* *b) Al vencimiento, con la salvedad de que en el pagaré se admitirán vencimientos parciales, de manera que el pago del principal y de los intereses podrá pactarse por cuotas periódicas.* **(*) Reformado el inciso b) del artículo 802 por el artículo 166 inciso b) de la Ley N° 7558 del 3 de noviembre de 1995, publicada en el Alcance N°55 a La**

Costa Rica Código de Comercio		***Gaceta N° 225 del 27 de noviembre de 1995.*** *c) Al pago;* *d) A las acciones por falta de pago;* *e) Al pago por intervención;* *f) A las alteraciones;* *g) A la prescripción; y* *h) A los días festivos, cómputo de los plazos y prohibición de los días de gracia.* *Serán igualmente aplicables al pagaré las disposiciones relativas a la letra de cambio pagadera en casa de un tercero o en localidad distinta a la del domicilio del librado; a la estipulación de intereses; a las diferencias de enunciación relativas a la cantidad pagadera; a las consecuencias de la firma puesta en las condiciones mencionadas en el artículo 734; a las de la firma de una persona que actúe sin poderes o rebasando sus poderes;* *a la letra de cambio en blanco.* *Serán igualmente aplicables al pagaré las disposiciones relativas al aval. En el caso previsto en el artículo 756, si el aval no indicare a favor de quién se ha dado, se entenderá que lo ha sido a favor del firmante del pagaré.* *No son aplicables a los pagarés*

261

		las disposiciones de las letras de cambio referentes a la presentación, para que sean aceptadas, a la aceptación, a la aceptación por intervención y a las exigencias del protesto".
El Salvador Código Comercio	Art. 792.- Inc. 3°.- *"El suscriptor se considerará como aceptante para los efectos de las disposiciones enumeradas antes, salvo que se ejercite en su contra la acción causal o la de enriquecimiento sin causa, casos en los que se equipara al librador".*	Art. 792.- Incs. 1° y 2°.- *"Son aplicables al pagaré, en lo conducente, los artículos – relativos a la letra de cambio– 705, 706, 707, 725 al 731, 732 al 738, 752, 753, 755, 756 incisos segundo, tercero y cuarto; 757 incisos segundo y tercero; 761, 762, 763, 764, 766, ordinales II y III; 767 al 773, del 777 al 780.* *Para los efectos de los artículos 768 y 769 el tenedor podrá reclamar los réditos caídos; el descuento del pagaré no vencido se calculará al tipo de interés pactado en éste, o, en su defecto, al tipo legal; los intereses moratorias se computarán al tipo estipulado para ello; a falta de esta estipulación, al tipo de rédito fijado en el documento; y en defecto de ambos, al tipo legal".*
	Art. L. 512-6.- *"El firmante de un pagaré quedará obligado del mismo modo que un aceptante de una letra de cambio".*	Art. L. 512-3.- *"Serán aplicables al pagaré, mientras no sea incompatible con la naturaleza de este documento, las disposiciones de los artículos L. 511-2 a L. 511-5, L. 511-8 a L. 511-14, L. 511-22 a L. 511-47, L. 511-49 a L. 511-55, L 511-62 a L. 511-65, L. 511-66 a L. 511-71, L. 511-75 a L. 511-81 relativas a la letra de cambio".*

Francia **Código de Comercio**		**Art. L. 512-4.-** *"Serán igualmente aplicables al pagaré las disposiciones del artículo L. 511-21 relativas al aval. En el caso previsto en el párrafo sexto de este artículo, si el aval no indicase por cuenta de quién se ha dado, se presumirá que lo ha sido por cuenta del firmante del pagaré".* **Art. L. 512-5.-** *"Las disposiciones de los artículos L. 511-56 L. 511-61 relativas a la publicidad y a la prórroga de los plazos de los protestos serán aplicables al protesto levantado por falta de pago de un pagaré".*
Guatemala **Código de Comercio**	**Art. 492.-** *"El signatario del pagaré se considerará como aceptante de una letra de cambio, salvo para lo relativo a las acciones causales y de enriquecimiento, en cuyos casos se equiparará al librador".*	**Art. 493.-** *"Serán aplicables al pagaré en lo conducente, las disposiciones relativas a la letra de cambio".*
Honduras **Código de Comercio**	**Art. 594.- Inc. 3°.-** *"El suscriptor del pagaré se considerará como aceptante para todos los efectos de las disposiciones enumeradas antes, salvo que se ejercite en su contra la acción causal o la de enriquecimiento, casos en los que se equipara al librador".*	**Art. 594.- Incs. 1° y 2°.-** *"Serán aplicables al pagaré, en lo conducente, los artículos –relativos a la letra de cambio– 506, 507, 508, 526 al 533, 534 al 540, 554, 555, 557, 558 párrafos segundo, tercero y cuarto; 559 párrafos segundo y tercero; 563, 564, 566 fracciones I y II; 567 al 576 y 578 al 581.* *Para los efectos del artículo 568, el tenedor podrá reclamar los*

263

		réditos caídos; el descuento del pagaré no vencido se calculará al tipo de interés pactado en éste, o, en su defecto, al tipo legal; los intereses moratorias se computarán al tipo estipulado para ellos; a falta de esta estipulación, al tipo de rédito fijado en el documento; y en defecto de ambos, al tipo legal".
México Ley General de Títulos y Operaciones de Crédito (LGTOC) de 1932	Art. 174.- Inc. 3°.- *"El suscriptor del pagaré se considerará como aceptante para todos los efectos de las disposiciones enumeradas antes, salvo el caso de los artículos 168 y 169, en el que se equiparará al girador".*	Art. 174.- Incs. 1° y 2°.- *"Serán aplicables al pagaré, en lo conducente, los artículos – relativos a la letra de cambio– 77, párrafo final, 79, 80, 81, 85, 86, 88, 90, 109 al 116, 126 al 132, 139, 140, 142, 143, párrafos segundo, tercero y cuarto, 144 párrafos segundo y tercero, 148, 149 y 150 fracciones II y III; 151 al 162 y 164 al 169.* *Para los efectos del artículo 152, el importe del pagaré comprenderá los réditos caídos; el descuento del pagaré no vencido se calculará al tipo de interés pactado en éste, o, en su defecto al tipo legal; y los intereses moratorias se computarán al tipo estipulado para ellos; a falta de esta estipulación, al tipo de rédito fijado en el documento; y en defecto de ambos, al tipo legal".*
	Art. 677.- Enunciado final.- *"(...) Nota: La letra de cambio a cargo del mismo librador, creada por el artículo 602 N° 2 C.C. es un*	Art. 678.- *"Serán aplicables al pagaré a la orden, en cuanto no sea incompatibles con la naturaleza de este capítulo, las disposiciones relativas a la letra de cambio y concernientes:*

264

Nicaragua Código de Comercio	*pagaré a la orden".* Art. 679.- *"El suscriptor de un pagaré a la orden queda obligado del mismo modo que el aceptante de una letra de cambio".*	*Al endoso.* *Al Aval.* *Al vencimiento.* *Al pago.* *A las acciones por falta de pago.* *Al pago por intervención.* *A las copias.* *A las falsificaciones y alteraciones.* *A la prescripción.* *A los días festivos, al cómputo de los plazos y a la prohibición de los días de gracia.* *A los conflictos de leyes.* *Se aplicarán también al pagaré las disposiciones concernientes a las letras domiciliadas, a la estipulación de intereses, a las diferencias en las enunciaciones relativas a la cantidad que de pagarse, a las consecuencias de la firma de una persona incapaz, o de una persona que obra sin poder o excediendo sus facultades".*
Panamá Ley 52 de 1917 de 13 de	Art. 130.- *"Cuando el librador y librado sean la misma persona en una letra, o cuando el librado sea una persona ficticia o sin capacidad*	

265

marzo de 1917 Sobre Documentos Negociables	*para contratar, el tenedor podrá dar al documento, a su elección, los efectos de letra de cambio o de pagaré".*	
Venezuela Código de Comercio		**Art. 487.-**"*Serán aplicables al pagaré a la orden, a que se refiere el artículo anterior las disposiciones acerca de la letra de cambio sobre:* *Los plazos en que vence.* *El endoso.* *Los términos para la presentación, cobro o protesto.* *El Aval.* *El pago.* *El pago por intervención.* *El protesto.* *La prescripción".*

CAPÍTULO IX

CONCLUSIONES

1). La *conversión o corrección jurídica* es el fenómeno en virtud del cual el acto jurídico, el negocio jurídico, o el documento con relevancia jurídica (sea formal, sea sustancial) ineficaces, son susceptibles de surtir efectos diferentes de los que les son propios. Cuando concierne al negocio jurídico, se le denomina *conversión del negocio jurídico*; cuando al acto jurídico, *conversión del acto jurídico*; y cuando al documento, *conversión del documento con relevancia jurídica, formal o sustancial*, según corresponda.

2). La *conversión cambiaria o conversión en el título valor* constituye una especie del fenómeno *conversión jurídica*, que como se dijo antes abarca tanto al acto jurídico, como al negocio jurídico y al documento con relevancia jurídica (sea formal, sea sustancial).

3). La *conversión cambiaria o conversión en el título valor* puede revestir dos formas concretas: la *conversión formal o instrumental* (cuando se circunscribe al documento) y la *conversión sustancial o material* (cuando se supedita al acto o declaración contenida en el documento). Puede también ser la mezcla de ambas: *conversión tanto formal como sustancial* (cuando abarca el documento y el acto o declaración en él contenida).

268

4). Habida cuenta que en materia de títulos valores el fenómeno de la conversión jurídica puede darse en el documento mismo (conversión formal o instrumental), o en el acto o declaración en él contenida (conversión sustancial o material), o en ambos (conversión tanto formal como sustancial), es lo indicado hablar de conversión *en el título valor* (expresión que abarca cualquiera de las referidas modalidades), y no de conversión *del* título valor (según se verá enseguida).

5). La locución *conversión del título valor* sugiere en sí la idea de un título valor que se transforma en otro, lo que es inexacto en tratándose de la letra no firmada por el girador pero sí por el girado, caso en el cual no hay en realidad letra de cambio y por lo mismo no es dable hablar de la conversión de ésta. Además, y por aludir (la locución *conversión del título valor*) al título o documento, deja por fuera la posibilidad de la conversión del acto o declaración en él contenida. Es por tal razón que de manera deliberada parte del rótulo de la presente monografía lleva el nombre de *Conversión en el Título Valor* (no el de *Conversión del Título Valor*).

6). La expresión *Conversión en el Título Valor*, en lo que concierne al aspecto formal o instrumental, abarca tanto al documento que es título valor, como al que no lo es pero tiene la perspectiva de serlo; y en lo que corresponde al aspecto sustancial o material, se extiende al acto o declaración contenida en el documento.

7).   El *negocio jurídico nulo* susceptible de conversión en los términos del artículo 904 del Código de Comercio, aunque inválido, es ante todo *negocio jurídico,* tanto que surte efectos mientras no sea declarado nulo (*"La nulidad absoluta puede y <u>debe</u>* –se subraya– *ser declarada por el juez"*, advierte el artículo 1742 del Código Civil). Por si fuera poco, se sanea por prescripción extraordinaria (según lo dispone el enunciado final del artículo 1742 mencionado). Por lo mismo, y como negocio jurídico que es, puede convertirse en otro negocio diferente (del cual contenga los requisitos esenciales y formales, si considerando el fin perseguido por las partes, deba suponerse que éstas, de haber conocido la nulidad, habrían querido celebrarlo), conforme lo establece el artículo 904 citado.

El *título valor ineficaz*, en cambio, no es en realidad título valor. Por ende y en estricto rigor técnico, no es susceptible de conversión como título valor. No en vano se habla aquí de *Conversión en el Título Valor*, no de *Conversión del Título Valor*.

Es con fundamento en la doctrina o teoría de la conversión en el título valor, que en las presentes páginas se sostiene que la letra a la orden del girador (o de un tercero), sólo firmada por el girado, deviene en pagaré.

8).   Se omite aquí la locución *título valor nulo*, por cuanto el instituto de la nulidad (sea absoluta, o relativa; sea sustantiva, o procesal; sea sustancial, o formal; sea material, o instrumental), se rige por el *principio de la especificidad*, que enseña que no hay nulidad sin

270

norma expresa que la establezca. Como sancionatorio que es, se fundamenta en normas de excepción, de interpretación restringida y de aplicación restrictiva. Las causales constitutivas de nulidad son taxativas o *númerus clausus* (i.e. relación cerrada). Lo mismo en el ámbito del derecho sustantivo como en el del derecho procesal o adjetivo.

Así, por ejemplo, en el marco del derecho sustantivo, existen disposiciones que se ocupan, de manera explícita, de la nulidad del matrimonio (artículos 140 a 151 del Código Civil); de la nulidad del pago hecho al acreedor (artículo 1636 ibídem); de la nulidad de los actos y contratos en general (artículos 1740 a 1756); de la nulidad de la transacción (artículos 2476 a 2483 ibídem); de la nulidad en el contrato de sociedad (artículos 104 a 109 del Código de Comercio); de la nulidad absoluta del negocio jurídico (artículo 899, también del Código de Comercio); de la nulidad relativa o anulabilidad del negocio jurídica (artículo 900 ibídem); de la nulidad de los negocios plurilaterales (artículo 903 ibídem); de la nulidad en el contrato de seguro (artículos 1058, 1060, 1090 y 1129 del mismo estatuto mercantil).

Ahora bien, en lo que al derecho adjetivo concierne, los artículos 133 a 138 del Código General de Proceso (artículos 140 a 147 del Código de Procedimiento Civil), regulan lo atinente a las nulidades procesales. El artículo 133 preceptúa que el proceso es nulo, en todo o en parte, en los casos allí señalados (que atañen a irregularidades suscitadas al interior del sumario).

Como puede observarse, en el caso de los actos o negocios jurídicos, lo inherente a nulidades se rige por las normas sustanciales respectivas (ver párrafos precedentes). Y en el evento de los aspectos o actuaciones procesales, lo tocante a nulidades se ciñe a la suerte del proceso al que acceden.

Por su parte, el artículo 99 del Estatuto de Notariado (Decreto-Ley 960 de 1970), consagra varios casos en los cuales son nulas desde el punto de vista *formal* las escrituras públicas.

A propósito, una escritura pública, aparte de su estructura *formal*, puede versar sobre aspectos tanto *sustantivos* (los inherentes al perfeccionamiento de actos o negocios jurídicos), como *procesales* o *adjetivos* (v. gr. los actos de protocolización de expedientes judiciales). Unos y otros (tanto los aspectos sustantivos como los procesales o adjetivos), son susceptibles de anulación sin que se afecte el instrumento público[147].

No hay, en cambio, por lo menos en el ordenamiento jurídico nacional, norma alguna que aluda de manera expresa a la nulidad del título valor. De ahí que no sea dable hablar en Colombia de

---

147 Esto explica –en parte– que además del instituto de la *nulidad* o *anulación* de escrituras públicas, regulado en el artículo 99 del Decreto 960 de 1970, exista también el de la *cancelación*, sea del instrumento en sí, sea de los actos en él vertidos, regulado a su vez en los artículos 27, 28, 29, 45 y subsiguientes del aludido decreto.

nulidad del título valor[148], sino, más bien, de *ineficacia del título* (cuando no reúne los requisitos mínimos esenciales, ya expresos, ora implícitos, exigidos en la ley).

9).   La *conversión del negocio jurídico* y la *conversión cambiaria o en el título valor* son institutos distintos, y por ende **no** tienen necesariamente relación de género a especie (esto si se les mira desde la perspectiva de la conversión del negocio jurídico). Tampoco tienen relación de especie a género (esto si se les observa desde la óptica del título valor).

Lo anterior, entre otras razones, porque el título valor no es, en estricto rigor, un negocio jurídico, sino un documento-bien-mueble (contiene cosas incorporales o derechos).

Sólo en punto a la *conversión cambiaria sustancial o material*, por versar ésta sobre el derecho incorporado en el instrumento, es posible que opere el fenómeno de la *conversión del negocio jurídico* o del acto o declaración en él contenido(s).

10).   La *conversión del negocio jurídico*, como su nombre lo sugiere, se predica de los negocios jurídicos, en tanto que la *conversión*

---

148 *"(...) no es posible predicar la nulidad de un acto sin acudir a una norma legal que disponga tal cosa, pues la sanción de nulidad, al igual que todas, exige como condición la tipicidad, en particular cuando se trata de aniquilar la voluntad de las partes, por haber contravenido el ordenamiento jurídico"* (CSJ, C, sentencia de 7 de marzo de 2011, M. P. Edgardo VILLAMIL PORTILLA, Publicada en: Jurisprudencia y Doctrina, t. XL, N° 473, Legis, Bogotá, D. C., may. de 2011, p. 674).

cambiaria o en el título valor es propia de los actos o documentos regulados en el Título III (De los Títulos Valores) del Libro Tercero (De los Bienes Mercantiles) del Código de Comercio, que abarca desde el artículo 619 al 821 ibídem.

11). Si bien los conceptos *conversión del contrato* y *conversión cambiaria* (o *en el título valor*), son distintos, ello no impide elaborar la noción de *conversión cambiaria* en términos equivalentes a los de la *conversión del contrato* (de la cual trata el artículo 904 del Código de Comercio). De modo que, si el *contrato nulo* produce *"los efectos de un contrato diferente, del cual contenga los requisitos esenciales y formales, si considerando el fin perseguido por las partes, deba suponerse que éstas, de haber conocido la nulidad, habrían querido celebrar el otro contrato"*, **mutatis mutandis** (cambiando lo que se debe cambiar), es dable decir que el *título valor ineficaz o incompleto* produce *los efectos de un título valor diferente, del cual contenga los requisitos esenciales y formales, si considerando el fin perseguido por los intervinientes, deba suponerse que éstos, de haber conocido la ineficacia o falencia, habrían querido crearlo.*

Aplicada la anterior reflexión a la letra que adolece de falta de firma del girador, mas no de ausencia de firma del girado-aceptante (i. e., la letra sólo suscrita por el girado), hay lugar a decir que el citado tipo de instrumento produce los efectos de pagaré si considerado el fin perseguido por los intervinientes (girador y girado), deba suponerse que éstos, de haber conocido la ineficacia del título habrían querido confeccionar un pagaré. De esta manera, el

274

documento destinado a ser letra de cambio cobra vida como pagaré.

12). La letra no suscrita por el girador pero sí por el girado-
aceptante puede surtir efectos de pagaré en virtud de uno de dos
fenómenos diferentes:

i). El de la *conversión o corrección jurídica*. Cuando se admite
que tal tipo de documento deviene, degenera o se transforma en
pagaré. Conclusión a la que se llega, bien sea mediante el equilibrio
reflexivo y la coherencia dinámica (como se pregona en la sentencia
SC-1260 2001) de los métodos más comunes de interpretación
jurídica (gramatical, lógico, histórico, sistemático y finalista o
teleológico)[149], o bien sea mediante la aplicación, **mutatis mutandis**,
del instituto de la conversión del contrato.

En tales eventos opera una *conversión cambiaria* tanto *formal
o instrumental* como *sustancial o material*. *Formal*, porque afecta al
documento (lo que es indiscutible). *Material*, porque involucra al acto
o declaración contenida en el documento, en cuanto el girado-
aceptante de la letra es tratado como el suscriptor del pagaré; y

ii). El de la *conservación del derecho y del efecto útil*. Cuando
se le atribuyen dos sentidos diferentes: uno de que es pagaré y otro
de que no lo es, mas se prefiere el primero.

---

149 Puntualmente es con sujeción a los métodos sistemático y finalista o teleológico
que se determina que la letra no firmada por el girador, si bien no produce efectos
de letra de cambio, produce sí los de pagaré.

13). Una letra girada a cargo del mismo girador, quien sólo firma como aceptante y no como girador, es letra de cambio en la medida en que el girado-aceptante (y firmante) es el mismo girador y creador del título, máxime cuando el numeral 2º del artículo 621 del Código de Comercio, si bien establece que todo título valor debe llevar la firma de quien lo crea (en el caso de la letra de cambio la firma del girador), no exige que dicha firma deba ser plasmada en un espacio destinado específicamente para ello.

Ahora bien, si al citado tipo de letra se le negare el carácter de letra de cambio, podría ser considerada como pagaré con base en las mismas conclusiones antes expuestas. *A fortiori* si se tiene en cuenta que se trata de una letra en la cual el girador, si bien no firma como tal, sí lo hace como girado-aceptante.

14). El que eventualmente un "título valor" ineficaz o incompleto no produzca los efectos de otro título valor, y por ende no evidencie una conversión cambiaria, no excluye la posibilidad de que alcance a ser documento con mérito ejecutivo cuando en él conste(n) una o más obligaciones expresas, claras, exigibles que provengan del deudor o de su causante y constituya(n) plena prueba contra aquél, como lo señala el artículo 422 del C.G.P. (488 del C.P.C.).

15). Cualquier hecho o circunstancia invalidante, impeditivo o modificatorio de la obligación a cargo del girado y suscriptor de una letra no firmada por el girador, que fuere tratada como pagaré, podría ser propuesto, cuando fuere conducente, como excepción del demandado *"contra el demandante que hubiere sido parte en el respectivo negocio o contra cualquier otro demandante que no sea tenedor de buena fe exenta de culpa"*, según lo prevé el numeral 12 del artículo 784 del Código de Comercio. Y con mayor razón podría ser propuesto como excepción del demandado contra el demandante en el evento en que al documento no le fuere reconocido el carácter de título valor, dado que en tal caso operarían con menos estrictez, si acaso la conservaren, los principios de literalidad, autonomía e incorporación.

16). Las ideas, reflexiones y conclusiones consignadas en las presentes páginas, bien pueden ser adoptadas, y adaptadas, con los condignos ajustes a que hubiese lugar, en los distintos regímenes jurídicos, y en particular en los estatutos cambiarios de las diversas naciones que se ocupan, ya de manera expresa, ora en forma implícita, de aspectos inherentes al instituto de la *conversión en el título valor*, sea ésta *formal (o instrumental)*, o *sustancial (o material)*.

BIBLIOGRAFÍA

ARDILA DUARTE, Benjamín, *Anecdotario Político,* en: (periódico) *Ámbito Jurídico*, año XXV, N° 595 (10 al 23 de octubre de 2022).

ASCARELLI, Tullio: *Teoría General de los Títulos de Crédito*, Traducción de RENÉ CACHEAUX SANABRIA, México, Editorial Jus, 1947.

BETTI, Emilio: *Teoría General del Negocio Jurídico*, 2ª edición, Traducción y Concordancias con el Derecho Español por A. MARTÍN PÉREZ, Madrid, Editorial Revista de Derecho Privado, 1959.

BONORINO, Pablo Raúl (y PEÑA AYAZO, Jairo Iván), *Filosofía del Derecho, Consejo* Superior de la Judicatura, Sala Administrativa, Escuela Judicial Rodrigo Lara Bonilla, y Universidad Nacional de Colombia, Bogotá, Imprenta Nacional de Colombia, 2ª edición, 2008.

Cámara de Comercio de Bogotá – Colegio Mayor de Nuestra Señora del Rosario, Informativo en Jurisprudencia y Doctrina sobre Títulos Valores, *La Letra de Cambio sin Firma del Girador*, Bogotá, Legis, 1990.

Consejo de Estado, Sección Tercera, Auto de 21 de feb. de 2002 (M. P. Ariel Eduardo HERNÁNDEZ ENRÍQUEZ) en: Jurisprudencia y Doctrina, t. XXXI, N° 365, junio de 2002, Bogotá, Legis.

Auto de 7 de mar. de 2002 (M. P. Ariel Eduardo HERNÁNDEZ ENRÍQUEZ).

Sentencia de 31 de mar. de 2005 (M. P. Rafael E. OSTAU DE LAFONT PIANETA) en: Jurisprudencia y Doctrina, t. XXXIV, N° 402, junio de 2005, Bogotá, Legis.

Corte Constitucional, Auto 273 de 21 de nov. de 2013 (M. P. Jorge Ignacio PRETELT CHALJUB).

Sentencia C-070 de 22 de feb. de 1996 (M. P. Eduardo CIFUENTES MUÑOZ).

Sentencia C-374 de 13 de ago. de 1997 (M. P. José Gregorio HERNÁNDEZ GALINDO).

Sentencia C-597 de 21 de oct. de 1998 (M. P. Carlos GAVIRIA DÍAZ) en: Jurisprudencia y Doctrina, t. XXVIII, N° 325, enero de 1999, Bogotá, Legis.

Sentencia C-1260 de 29 de nov. de 2001 (M. P. Rodrigo UPRIMNY YEPES).

Sentencia C-451 de 12 de jun. de 2002 (M. P. Manuel José CEPEDA ESPINOSA).

Sentencia C-038 del 1° de feb. de 2006 (M. P. Humberto Antonio SIERRA PORTO) en: Jurisprudencia y Doctrina, t. XXXV, N° 415, julio de 2006, Bogotá, Legis.

Sentencia C-122 del 1° de mar. de 2011 (M. P. Juan Carlos HENAO PÉREZ).

Sentencia C-250 de 28 de marzo de 2012 (M. P. Humberto Antonio SIERRA PORTO).

Sentencia C-054 de 10 de feb. de 2016 (M. P. Luis Ernesto VARGAS SILVA).

Sentencia C-345 de 24 de may. de 2017 (M. P. Alejandro LINARES CANTILLO).

Sentencia SU-354 de 25 de may. de 2017 (M. P. Iván Humberto ESCRUCERÍA MAYOLO).

Corte Suprema de Justicia, Sala de Casación Civil, sentencia de 3 de agosto de 1983 (M. P. Jorge SALCEDO SEGURA), en: *G. J.* número 2411, t. CLXXII, primera parte, pp. 149 a 156.

Sentencia de 19 de abr. de 1993 (M. P. Eduardo GARCÍA SARMIENTO) en: G. J., t. CCXXII.

Sentencia SC-126 de 14 de ago. de 2000 (M. P. Carlos Ignacio JARAMILLO JARAMILLO).

Sentencia de 28 de feb. de 2005 (M. P. Carlos Ignacio JARAMILLO JARAMILLO), sin publicar.

Sentencia de Tutela de 2 de ago. de 2005 (M. P. Carlos Ignacio JARAMILLO JARAMILLO).

Sentencia de 6 de ago. de 2010 (M. P. César Julo VALENCIA COPETE) en: Jurisprudencia y Doctrina, t. XXXIX, N° 466, octubre de 2010, Bogotá, Legis.

Sentencia de 22 de dic. de 2019 (M. P. Octavio Augusto TEJEIRO DUQUE) en: *Jurisprudencia y Doctrina*, t. XLIX, N° 577, enero de 2020, Bogotá, Legis.

Sentencia de 13 de oct. de 2020 (M. P. Luis Alfonso RICO PUERTA) en: *Jurisprudencia y Doctrina*, t. XLIX, N° 587, noviembre de 2020, Bogotá, Legis.

Sentencia SC3535 de 18 de ago. de 2021 (M. P. Luis Armando TOLOSA VILLABONA).

Corte Suprema de Justicia, Sala de Casación Penal, Sentencia de 19 de may. de 2004 (M. P. Álvaro Orlando PÉREZ PINZÓN) en: Jurisprudencia y Doctrina, t. XXXIII, N° 395, noviembre de 2004, Bogotá, Legis.

CORTEZ PÉREZ, César Daniel, *La Conversión del Negocio Jurídico Nulo en los principales sistemas jurídicos de Europa y América Latina (alcance teórico-normativo de este remedio in extremis)*, Lumen, Revista de la Facultad de Derecho de la Universidad Femenina del Sagrado Corazón, Vol. 16, N° 2, Perú, 2020.

DE CASTRO Y BRAVO, Federico, *El Negocio Jurídico*, Madrid, Editorial Civitas S. A., año 1985.

DE FAZIO, Federico (Instituto "A.L. Gioja", UBA, Universidad Friedrich-Alexander de Erlangen-Nurnberg), y GARCÍA JARAMILLO, Leonardo (Departamento de Gobierno y Ciencias Políticas, Universidad EAFIT), *'Teoría pura del derecho', de Hans Kelsen,* en: (periódico) Ámbito Jurídico, año XVIII, N° 417 (11 al 24 de mayo de 2015).

DE LA CALLE LOMBANA, Humberto: *La Acción Cambiaria y Otros Procedimientos Cambiarios*, 1a. ed., Medellín, Editorial Jurídica Diké, 1987.

La Inoperatividad del Negocio Jurídico, en *Monografías Jurídicas*, núm. 69, Bogotá, Temis, 1990.

DE LOS MOZOS, José Luis, *La Conversión del Negocio Jurídico*, Barcelona, España, Bosch, Casa Editorial, 1959.

DÍEZ SOTO, Carlos Manuel, *La Conversión del Contrato Nulo,* Barcelona, José María Bosch Editor, S.A., 1994.

ESQUIAGA GANUZAS, Francisco Javier, *Casos fáciles y casos difíciles*, https://goo.gl/6rfdkR, México, 2006.

GARCÍA JARAMILLO, Leonardo (Departamento de Gobierno y Ciencias Políticas, Universidad EAFIT), y DE FAZIO, Federico (Instituto "A.L. Gioja", UBA, Universidad Friedrich-Alexander de Erlangen-Nurnberg), y *'Teoría pura del derecho', de Hans Kelsen,* en: (periódico) *Ámbito Jurídico*, año XVIII, N° 417 (11 al 24 de mayo de 2015).

GARCÍA MUÑOZ, José Alpiniano (Profesor-Investigador Asociado, Facultad de Derecho Universidad De La Sabana), *Proyecto de Investigación Derecho Comparado De Los Títulos-Valores* (información consultada en internet).

GONZÁLEZ JARAMILLO, Diana (y URIBE RAMÍREZ, Andrés), *Introducción al Derecho, Teoría General*, Pereira, Prixma Editores, 2004.

HINESTROSA, Fernando, *Tratado de las Obligaciones, Concepto,*

Estructura, Vicisitudes, t. II, Bogotá, D. C., Universidad Externado de Colombia, 1ª Edición, año 2015.

LÓPEZ MEDINA, Diego Eduardo, *Interpretación Constitucional*, Consejo Superior de la Judicatura, Sala Administrativa, Escuela Judicial Rodrigo Lara Bonilla, y Universidad Nacional de Colombia, Bogotá, Imprenta Nacional de Colombia Unilibros, 2ª edición, 2006.

MACKENZIE, Mauricio. *Doctrina y Jurisprudencia del Derecho Cambiario Colombiano,* Bogotá, Editorial Cromos, 1934.

MÉNDEZ COSTA, María Josefa. *Conversión del negocio jurídico inválido en el derecho argentino*, Revista de Ciencias Jurídicas y Sociales, año 23, 3ª época, N° 117, Buenos Aires, 1968.

Ministerio de Justicia, Comisión Revisora del Código de Comercio, *Proyecto de Código de Comercio t. II*, Bogotá, 1958.

Ministerio de Justicia, Escuela Judicial Rodrigo Lara Bonilla, *Hermenéutica Jurídica, Curso de Capacitación para Jueces de la República*, Bogotá, Imprenta Nacional de Colombia, 1988.

MONTEAGUDO, María del Rosario. *La Conversión del Acto Jurídico Nulo*, Universidad Católica Argentina, Maestría en Derecho, Buenos Aires, 2019.

OSPINA FERNÁNDEZ, Guillermo, *Régimen General de las Obligaciones*, 6 edición, Bogotá, Temis, 1998.

PEÑA AYAZO, Jairo Iván (y BONORINO, Pablo Raúl), *Filosofía del Derecho,* Consejo Superior de la Judicatura, Sala Administrativa, Escuela Judicial Rodrigo Lara Bonilla, y Universidad Nacional de Colombia, Bogotá, Imprenta Nacional de Colombia, 2ª edición, 2008.

PEÑA CASTRILLÓN, Gilberto: *Algunas Falacias Interpretativas de los Títulos Valores*, Monografías Jurídicas, núm. 47, Bogotá, Temis, 1985.

QUINTERO DE PRIETO, Beatriz: *La letra de cambio a la cual falta la firma del girador no es título valor alguno*, Foro del Jurista, Vol. VI, N° 14, Cámara de Comercio de Medellín, 1993.

RODRÍGUEZ VILLABONA, Andrés Abel (y UPRIMNY YEPES, Rodrigo) *Interpretación Judicial, Módulo de Autoformación*, Consejo Superior de la Judicatura, Sala Administrativa, Escuela Judicial Rodrigo Lara Bonilla, y Universidad Nacional de Colombia, Bogotá, Imprenta Nacional de Colombia, 2ª edición, 2008.

TRUJILLO CALLE, Bernardo: *De Los Títulos Valores*, Tomo I, Parte General, 16ª edición, Leyer, año 2008.

De los Títulos Valores, Parte General, 19ª ed., Bogotá, D. C.

Leyer, 2015.

El cheque posfechado y su incidencia en cuanto a los grupos 10 y 12 de excepciones cambiarias, en *La Contratación Mercantil –y otros aspectos comerciales–*, Colegio de Abogados de Medellín, Medellín, Biblioteca Jurídica Diké, 1ª ed., 1992.

UPRIMNY YEPES, Rodrigo, *Estado Social de Derecho y Decisión Judicial Correcta: Un Intento de Recapitulación de los Grandes Modelos de Interpretación Jurídica*, en *Hermenéutica Jurídica, Homenaje al Maestro Darío Echandía*, Bogotá, Ediciones Rosaristas, Universidad del Rosario, 1997.

UPRIMNY YEPES, Rodrigo (y RODRÍGUEZ VILLABONA, Andrés Abel), *Interpretación Judicial, Modulo de Autoformación*, Consejo Superior de la Judicatura, Sala Administrativa, Escuela Judicial Rodrigo Lara Bonilla, y Universidad Nacional de Colombia, Bogotá, Imprenta Nacional de Colombia, 2ª edición, 2008.

URIBE RAMÍREZ, Andrés (y GONZÁLEZ JARAMILLO, Diana), *Introducción al Derecho, Teoría General*, Pereira, Prixma Editores, 2004.

www.ingramcontent.com/pod-product-compliance
Lightning Source LLC
Chambersburg PA
CBHW070753220526
45467CB00013B/861

* 9 7 9 8 7 0 8 0 0 4 8 5 7 *